LOS HÉROES CAÍDOS DE LA FÓRMULA 1

Los Mártires de la Primera Era

RAÚL ORDUÑA LÓPEZ

LOS HÉROES CAÍDOS DE LA FÓRMULA 1

Los Mártires de la Primera Era

Fotografías en portada:

1. *Imagen Archivo «El Gráfico», cortesía de la Fundación Fangio.*

2. *Fuente: Nationaal Archief, CC0. Fotocollectie Anefo. Número de archivo: 907-1611 y 909-5854*

Quiero expresar mi más sincero agradecimiento a la Fundación Fangio y al Museo Fangio por su invaluable apoyo en un aspecto fundamental de la realización de este trabajo. Un reconocimiento especial a Fernando L. Barragán, del Consejo de la Fundación Fangio, por su generosidad, orientación y dedicación.

Editorial: BoD · Books on Demand, Calle de Manzanares 4, 28005 Madrid, bod@bod.com.es
Impresión: Libri Plureos GmbH, Friedensallee 273, 22763 Hamburg (Alemania)

ISBN: 978-84-1373-388-3

Índice

I

Prólogo

La década de los cincuenta fue un periodo excepcional en la historia del automovilismo. En aquellos años, se forjó una estirpe de pilotos radicalmente distinta a la de hoy. Competir significaba desafiar a la muerte en cada curva, trazar con la precisión de un cirujano y con la certeza de que el más mínimo error podía ser el último. No existía margen para la duda ni espacio para el miedo; solo la necesidad de cruzar la línea de meta en primer lugar, sin importar el precio a pagar.

Eran hombres que conocían sus máquinas al detalle, que sabían de memoria la disposición de cada leva y cada tornillo. Su fortaleza no solo residía en la destreza al volante, sino en el temple de acero con el que afrontaban cada carrera, como gladiadores que se lanzaban a la arena, conscientes de que podían no regresar.

Las medidas de seguridad eran prácticamente inexistentes. Cuando el Campeonato Mundial de Fórmula 1 dio comienzo en 1950, los monoplazas carecían de cinturones de seguridad y los cascos eran poco más que frágiles caparazones. A medida que los accidentes se cobraban vidas, el automovilismo evolucionaba a base de tragedias. Con cada piloto caído, nacía una nueva medida de seguridad, un nuevo aprendizaje sellado con sangre.

Este libro rinde homenaje a los 25 valientes que desafiaron los límites entre 1950 y 1961. Desde Raymond Sommer, quien inauguró esta funesta lista, hasta Wolfgang von Trips, cuyo fatal accidente en Monza conmocionó al mundo del motor. Ocho de ellos hallaron su destino en el mítico óvalo de Indianápolis; quince sucumbieron en los laberintos serpenteantes de los circuitos europeos; y dos, en el abrasador asfalto de Marruecos y la exótica isla caribeña de Cuba.

Eran hombres jóvenes en su mayoría, con sueños que quedaron truncados en la persecución de la gloria. El más joven de ellos apenas contaba con 22 años; el más longevo, 50. Pero todos compartieron un mismo destino: el de ser los mártires de la primera era de la Fórmula 1.

Sin ellos, sin su sacrificio y el de sus mecánicos e ingenieros, este deporte no sería lo que es hoy. Sus muertes no fueron en vano: cada tragedia allanó el camino para la evolución de la seguridad, salvando incontables vidas en décadas posteriores. Aquellos pioneros no solo escribieron la historia con su valentía, sino que con su desaparición legaron a las futuras generaciones un automovilismo más seguro, aunque jamás exento de riesgo.

Este libro es su tributo. Porque recordar su legado es honrar su pasión y su sacrificio.

Raymond Sommer (31.08.1906 – 10.09.1950)

«El eco de su paso se desvanece en la pista, pero su alma, forjada en cada curva, permanece inmortal en aquellos que entienden que la verdadera victoria reside en desafiar los límites, no en alcanzarlos»

En el corazón de las Ardenas francesas, donde la bruma de la mañana se enreda con los bosques centenarios, nació Raymond Sommer, destinado a inscribir su nombre en la historia del automovilismo. La grandeza corría por sus venas, pues su padre, Roger Sommer, había desafiado los cielos y arrebatado a los mismísimos hermanos Wright el récord del vuelo más largo en 1909. Como si la osadía fuera un rasgo heredado, Raymond también anhelaba conquistar su propio firmamento, pero el suyo estaba hecho de asfalto y velocidad.

La familia Sommer, próspera en la manufactura de alfombras en la cercana ciudad de Sedan, había construido un imperio comercial que le brindó a Raymond la oportunidad de forjar su vocación en las pistas. Antes de abrazar la adrenalina del automovilismo, fue un boxeador formidable, un guerrero en el cuadrilátero que pulió su temple con cada combate. Sus años de juventud lo llevaron a la neblinosa Mánchester, donde se forjó en el rigor del conocimiento antes de regresar a Francia. Allí, en el seno del negocio familiar, parecía estar marcado para una vida de estabilidad… pero su espíritu inquieto no estaba hecho para los límites impuestos por las paredes de una industria.

El rugir de los motores lo llamaba, y Sommer, como su padre antes que él, estaba destinado a desafiar lo imposible. Consumido por el fuego de la velocidad y decidido a forjar su destino en las pistas, Raymond Sommer no dudó en enfrentar su primer gran desafío: convencer a su padre de que le comprara un Chrysler Imperial, la máquina con la que iniciaría su camino hacia la inmortalidad. Así, en marzo de 1931, con el rugido del motor como única compañía y la carretera extendiéndose ante él como un desafío inalterable, tomó la salida en su primera carrera, la legendaria ruta entre París y Niza (1).

Pero Sommer no era un hombre que se conformara con los primeros pasos. Su sed de gloria lo llevó, apenas un año después, a adquirir un Alfa Romeo 8C, un bólido nacido para la victoria. Y fue con esta joya de la ingeniería que escribiría su primera gran hazaña: cuando su compañero de equipo, Luigi Chinetti, cayó enfermo en plena batalla de resistencia en Le Mans, Sommer tomó el volante con la fiereza de un guerrero y condujo durante 20 de las 24 horas, domando la noche, el cansancio y la fatiga hasta cruzar la meta como vencedor.

Pero el azar tenía más pruebas para él. Tres semanas después, en las calles de Niza, se enfrentó a titanes como Louis Chiron y René Dreyfus, y aunque terminó tercero, su nombre ya resonaba entre la élite. Sin embargo, la verdadera consagración llegaría una semana más tarde, cuando en Miramas, con la furia del viento como testigo, Sommer se alzó con la victoria en el Gran Premio de Marsella, demostrando al mundo que su camino hacia la grandeza apenas comenzaba.

El camino de Raymond Sommer no conocía descanso. En 1933, con la ambición de un conquistador y el ímpetu de un guerrero, se unió a las filas de Maserati, una de las casas más ilustres del automovilismo. Sin embargo, su lealtad al Alfa Romeo que lo había llevado a la gloria no se desvaneció, y siguió domando aquella bestia mecánica en múltiples batallas sobre el asfalto. Fue junto al legendario Tazio Nuvolari, un hombre tan feroz como él, que Sommer inscribió su nombre por segunda vez en la historia de Le Mans. Juntos, enfrentaron la prueba de resistencia más despiadada, desafiando la fatiga, la incertidumbre y la mecánica implacable, hasta alzarse nuevamente como los amos de la carrera más desafiante del mundo.

Raymond Sommer en Montlhéry con un Alfa Romeo Monza 2.3 en 1933. Autor: Agence de presse Meurisse. Fuente: Bibliothèque nationale de France via Wikimedia Commons. Domino Público.

Cuando las sombras de la guerra oscurecieron Europa, Raymond Sommer no dudó en cambiar el rugido de los motores por el llamado del deber. Con el mismo coraje con el que enfrentaba las curvas imposibles y las rectas interminables, se unió a la Resistencia francesa, convirtiéndose en un combatiente en la lucha por la libertad. Su espíritu indomable, forjado en las pistas y endurecido por la adversidad, encontró en la guerra un nuevo campo de batalla.

Pero cuando la contienda llegó a su fin y las cenizas de la destrucción comenzaron a disiparse, Sommer no tardó en volver a su verdadero hogar: la competición. Entre las ruinas de un mundo que renacía, rescató su fiel Alfa Romeo 308, la máquina que lo había acompañado antes del conflicto. Y como si el tiempo no hubiera pasado, como si la guerra no hubiera mermado su temple, volvió a las pistas con la misma fiereza de siempre. En Saint-Cloud, desafió a las imponentes Alfetta 158 y las derrotó en un triunfo que resonó como un grito de renacimiento: Raymond Sommer había vuelto.

En 1947, el destino lo llevó nuevamente a Maserati, la casa que una vez lo había acogido. Pero esta vez, la suerte le fue esquiva. La gloria, siempre caprichosa, no se dejó atrapar. Sin embargo, Sommer no era un hombre que midiera su grandeza solo en victorias. Su legado no se escribía con trofeos, sino con la huella imborrable de su valentía sobre el asfalto.

El año 1950 marcó el amanecer de una nueva era en el automovilismo: la Fórmula 1 había nacido, y entre los valientes que se lanzaron a conquistar su historia estaba Raymond Sommer. No podía haber elegido un estandarte más ilustre para su debut: Ferrari, el emblema de la velocidad y la pasión, le abrió sus puertas, y con el Cavallino Rampante en su máquina, tomó la salida en el mítico Gran Premio de Mónaco. Allí, entre las estrechas calles del principado, donde solo los más audaces sobreviven, Sommer dejó su huella con un cuarto puesto el 21 de mayo, una hazaña que anunciaba que su leyenda aún tenía capítulos por escribir.

Pero Sommer nunca fue un hombre que se conformara con seguir los caminos trazados por otros. La llamada de la independencia, de la lucha solitaria contra la providencia, era demasiado fuerte. Así, a mitad de la temporada siguiente, dejó la comodidad de Ferrari para desafiar el mundo con su propia máquina: un Talbot-Lago que se convertiría en su fiel corcel de batalla. Con él, se lanzó a la conquista de Montlhéry, donde se alzó con la victoria, y en el Gran Premio de Bélgica de 1950, demostró su temple al liderar la carrera, desafiando a los titanes de la época con la fiereza de un guerrero que nunca se rendía.

El azar es un juez implacable, que no avisa ni concede treguas. Una semana después del Gran Premio de Italia, última batalla de la temporada, Raymond Sommer llegó al desafiante trazado de Cadours para disputar el Gran Premio de Haute-Garonne. Era un circuito traicionero, de esos que ponen a prueba no solo la habilidad del piloto, sino también la voluntad del hombre. Pero Sommer, fiel a su espíritu indomable, no se conformó con la gran carrera del día. En un arrebato de pasión pura, decidió competir en una prueba previa de Fórmula

Junior, una contienda menor para muchos, pero no para él. Cada curva, cada metro de asfalto, era una oportunidad para desafiar al destino una vez más.

Y como tantas veces antes, la fortuna pareció inclinarse ante su genio. En la manga final, Sommer volaba sobre la pista. Cuatro vueltas consumidas y una ventaja aplastante: 40 segundos sobre André Simon. Nadie podía alcanzarlo. Era el dueño del circuito, el amo de la velocidad. Pero entonces, el azar, ese enemigo silencioso que acecha incluso a los más grandes, extendió su mano cruel.

Al salir de una curva, con la mirada fija en el horizonte, Sommer se dispuso a doblar a un rezagado. Pero su monoplaza, en un caprichoso giro del destino, perdió el control. El trompo fue instantáneo. El coche derrapó con furia, cayó en la cuneta y rebotó de regreso a la pista antes de estrellarse violentamente contra un árbol. En un solo segundo, el fragor de la batalla se transformó en tragedia.

Expulsado del habitáculo, el gran Raymond Sommer quedó tendido en la zanja. Su cuerpo, forjado en mil combates sobre el asfalto, estaba destrozado: fracturas en la base del cráneo, la mandíbula quebrada, el hombro y el brazo hechos añicos, heridas que la velocidad había cobrado como tributo final. La ambulancia lo llevó con urgencia, pero el juicio del cielo ya había escrito la última línea de su historia.

Poco después, Raymond Sommer exhaló su último aliento. No cayó en el olvido, ni se desvaneció en la bruma del tiempo. Porque aquellos que desafían la muerte y viven con la intensidad de los dioses nunca mueren realmente. Su nombre sigue grabado en la eternidad, donde solo los héroes descansan.

Raymond Sommer, aquel guerrero indomable que desafió las pistas y al mandato de los dioses, encontró su última curva en Cadours. Y con ello, se convirtió en el primer héroe caído de la Fórmula 1 en la vieja Europa. No fue una muerte común, sino el sacrificio de un hombre que jamás supo de límites, que vivió con la intensidad de las leyendas y cuyo espíritu ardió como un cometa fugaz en el firmamento del automovilismo. Mientras el mundo seguía su curso, Sommer aceleró hacia la eternidad, dejando tras de sí un legado imborrable, un eco de ímpetu y coraje que aún resuena en cada motor encendido.

Hoy, su nombre está inscrito en la historia, no solo como un piloto, sino como un símbolo de la lucha, la pasión y el arrojo. Porque los héroes como Raymond Sommer nunca desaparecen. Siguen corriendo, siempre, en la memoria de quienes aún sienten el llamado de la velocidad.

Hoy, Raymond Sommer descansa en el Cimetière de Mouzon, en la tierra que lo vio nacer, en el corazón de las Ardenas francesas. Allí, donde los vientos susurran historias de gloria y las sombras de los árboles custodian su memoria, reposa el hombre que desafió al destino una y otra vez.

Pero su espíritu no yace bajo la fría piedra. Vive en cada rugido de motor que rompe el silencio de la madrugada, en cada curva tomada con audacia, en cada piloto que se atreve a desafiar los límites de la velocidad y la vida. Raymond Sommer no murió aquel día en Cadours. Se convirtió en leyenda, en parte de la esencia misma del automovilismo, en un héroe eterno de las pistas. Porque los verdaderos guerreros nunca desaparecen. Solo aceleran hacia la eternidad.

Chester Joseph Miller (19.07.1902 – 15.05.1953)

«Entre el rugido de los motores y las cicatrices del asfalto, forjó una eternidad de acero y polvo, donde cada curva fue un desafío al olvido»

En la ciudad de Detroit, cuna del rugido ancestral de los motores, nació en 1902 Chester Joseph «Chet» Miller, un hombre cuyo sino estaba marcado por el acero y la velocidad, y que se convertiría en una de las figuras clave de la revolución automovilística que transformó el primer cuarto del siglo XX.

En una época donde las máquinas aún estaban en pañales y los valientes eran contados con los dedos de una mano, Chet se sumergió en el mundo del automovilismo con una pasión palpitante, como si las fibras de su ser se hubieran forjado en el rugir de los motores. El automovilismo, entonces un deporte reservado solo para los privilegiados que se atrevían a soñar con la velocidad y a desafiar las leyes de la física, lo convocó, y él respondió con la audacia de quien ve en el horizonte un destino que no puede eludir.

El azar, caprichoso y audaz, llevó a Chet Miller por primera vez al mítico óvalo de las 500 Millas de Indianápolis en 1928, al volante de un Miller 91, la máquina que prometía ser el portal hacia la gloria. Pero el sueño de ese debut se truncó en un abrir y cerrar de ojos: un accidente durante los ensayos clasificatorios apagó momentáneamente la llama de su ambición, negándole la oportunidad de tomar la partida.

Sin embargo, como todo héroe que desafía los límites del destino, Chet regresó. Dos años después, en 1930, conquistó nuevamente el óvalo, y esta vez logró cruzar la línea de meta en la décimo tercera posición, al mando del auto de Paul Bost. Luchó valerosamente, su espíritu indomable desafiante frente a las dificultades, aunque el ganador, Billy Arnold, ya había dejado atrás a todos, con 40 vueltas de ventaja. Aquel fue solo el inicio de una travesía que lo marcaría para siempre, una travesía llena de desafíos colosales y victorias que, aunque lejanas, ardían en su corazón como el motor de su máquina.

En las legendarias 500 Millas de Indianápolis de 1930, Chester «Chet» Miller vivió una de las anécdotas más insólitas que el automovilismo pudiera regalar. Mientras la multitud vibraba con la furia de los motores y la danza de los coches en el óvalo, su valiente Fronty-Ford sufrió un percance fatal: un resorte delantero se rompió, dejando a Miller fuera de combate en medio de la carrera. La situación, que parecía desesperada, parecía ser la sentencia final de su lucha, pues ni su equipo ni los demás competidores disponían de una pieza de repuesto.

Pero los grandes, aquellos que están destinados a la gloria, nunca se rinden ante la adversidad. La mente de Chet y su equipo, ágiles y veloces como sus máquinas, se pusieron a trabajar. Sin perder tiempo, su escudería se lanzó a los estacionamientos, en busca de una solución que solo un alma valiente podría encontrar. En un destello de ingenio automovilístico, descubrieron un humilde Ford Modelo T, estacionado entre los coches de los espectadores.

Sin dudarlo ni un segundo, la decisión fue tomada. Con la audacia de los que desafían lo imposible, confiscaron el resorte del auto de un espectador desprevenido, transformando una simple pieza en una herramienta de supervivencia que los devolvería al fragor de la carrera. Reparado y con el espíritu de un guerrero imparable, Chet Miller volvió a la pista. A pesar del tiempo perdido y las dificultades, cruzó la meta en la decimotercera posición, demostrando una vez más que la grandeza no está en las victorias fáciles, sino en la determinación de enfrentarse a lo imposible.

Al final de la carrera, con la misma nobleza que siempre lo caracterizó, Chet Miller regresó al estacionamiento, donde, con un gesto de honor y respeto, repuso la pieza sustraída del humilde Ford Modelo T. Al encontrarse con su dueño, le ofreció pagarle por su ayuda involuntaria, consciente de que, sin ese pequeño acto de desesperación, su participación habría llegado a su fin. Pero el espectador, cautivado por la épica historia que acababa de presenciar, se negó rotundamente a aceptar el dinero. «Es un honor», dijo, «que parte de mi automóvil haya corrido en tan legendaria competencia». Sin saberlo, aquel hombre se convirtió en una parte crucial de una historia que trascendería generaciones, y en un acto casi imperceptible, su nombre, aunque nunca pronunciado, quedó inscrito en los anales de la historia de la carrera más prestigiosa del mundo. Un testigo inadvertido de la grandeza, cuyo humilde vehículo fue una pieza esencial en la eterna danza de la velocidad.

Sin embargo, las historias extravagantes de Chet Miller no terminaban ahí. En 1934, mientras libraba otra feroz batalla en la pista, el destino, siempre caprichoso, le jugó una de sus más insidiosas trampas. En un giro inesperado, su vehículo se deslizó sobre una traicionera mancha de aceite. De repente, su auto despegó como un cometa, surcando el aire con la furia de un rayo que desafiaba las leyes de la gravedad, y voló por encima del muro exterior de la primera curva.

El vehículo, que parecía destinado a la destrucción, aterrizó milagrosamente sobre sus cuatro ruedas, en el patio trasero de una residencia cercana. Fue un descenso que bien podría haber sido guiado por los dioses del motor, pues parecía más un acto divino que una simple casualidad. Pero Chet Miller no era un hombre que se detuviera ante lo imposible. Sin titubear, dio una vuelta de 180 grados, aceleró con la firme determinación de quien no acepta rendirse y condujo de regreso al área de *pits*, como si nada hubiera sucedido.

Aunque su auto fue oficialmente retirado de la carrera, Chet permaneció en los *pits*, observando el resto del evento con una sonrisa despreocupada y compartiendo risas con sus compañeros mientras relataba su increíble odisea. La hazaña parecía tan fantástica que sus compañeros, desconfiados y asombrados, pensaron que la historia debía ser una broma o una exageración. Pero cuando los rumores sobre su prodigioso vuelo se esparcieron por el circuito, la incredulidad de su equipo se transformó en asombro. Chet Miller, como siempre, había desafiado los límites de lo posible, y su nombre, marcado por la leyenda, quedaría aún más inscrito en la memoria de aquellos que lo presenciaron (2).

Chet Miller no solo participó en carreras; su vida fue una saga, una leyenda forjada en la fragua del automovilismo. Escribió historias que podrían haber salido de los relatos mitológicos, aquellas que hablan de héroes que desafían lo imposible, de hombres que desafían las fuerzas de la naturaleza con la misma determinación con que desafían el rugido de sus motores. Su vida, tejida de audacia y coraje, fue un canto eterno al ingenio, un himno a la valentía y a la indomable voluntad de conquistar cada obstáculo que se atreviera a cruzarse en su camino.

En 1935, la fortuna, finalmente, inclinó su mirada hacia Chet Miller. A bordo de un Summers-Miller, logró completar las legendarias 500 millas por sí mismo, un logro titánico que lo catapultó al Top 10. Sin embargo, sería en 1936 cuando las estrellas parecían alinearse a su favor. Chet, con la mirada fija en la gloria, se clasificó en la primera fila, junto a los grandes Rex Mays y Babe Stapp, y culminó la carrera en una meritoria quinta posición, un testamento de su destreza y su sólida perseverancia.

Pero la cima, como un designio inevitable, llegó en 1938. Con su imponente Summer-Offenhauser, alcanzó el único podio de su carrera, un hito que le permitió quedarse con el tercer lugar, solo por detrás de los colosos Floyd Roberts y Wilbur Shaw. Ese podio, tan anhelado y tan difícil de alcanzar, selló su lugar en la historia del automovilismo, como un guerrero que había luchado con honor en la arena más sagrada de las 500 millas. (2)

Miller se ganó el título de Héroe de las 500 Millas de Indianápolis de 1939 con un acto de valentía que pocos pilotos en la historia podrían igualar. Durante el fragor de la carrera, un accidente dejó a Bob Swanson fuera de su automóvil, tendido en medio del circuito. Miller, al presenciar el desastre, tomó una decisión que definió su legado: desvió su trayectoria, sacrificando su propia seguridad para evitar una tragedia mayor. En un acto de reflejos y coraje, giró bruscamente hacia la izquierda, impactando con fuerza la barrera de madera interior. Las astillas volaron como estrellas fugaces mientras su auto se elevaba, volcaba y finalmente se detenía boca abajo en el césped (2). Allí quedó atrapado el héroe no reconocido, con el peso del automóvil sobre él y una fractura de hombro que marcaba su valentía con cicatrices. A pesar de las lesiones, Miller había salvado una vida, un testimonio del carácter y el sacrificio que definieron su carrera.

Este acto heroico, que pudo haberle costado mucho más que unas heridas, es un recordatorio de que las carreras no solo están hechas de velocidad, sino también de humanidad y valentía. Chet Miller no solo corrió para ganar; corrió para proteger, demostrando que incluso en el caos del automovilismo, el corazón y el honor de un verdadero piloto siempre prevalecen.

Cuando las competiciones regresaron después de finalizar la Segunda Guerra Mundial, en 1946, por supuesto también lo hizo Chet, dispuesto a enfrentarse nuevamente al mítico Speedway. Las dificultades mecánicas persistieron, pero su espíritu nunca se quebrantó.

En 1950, cuando Indianápolis se integró al Campeonato Mundial de Fórmula 1, Chester «Chet» Miller se alzó como uno de los gladiadores de esta nueva era del automovilismo en los Estados Unidos. Con el rugido de sus motores como himno, luchó contra viento y marea, enfrentando los desafíos de un deporte en pleno nacimiento. Aunque los problemas técnicos le negaron su clasificación en las ediciones de 1951 y 1952, su espíritu indomable nunca flaqueó. Persiguió con fervor la victoria que sentía que le correspondía, una victoria que aún estaba fuera de su alcance, pero nunca de su corazón.

Para 1953, Chester Miller ya había ganado un lugar en la leyenda de Indianápolis. Su nombre resonaba en el Indianápolis Motor Speedway, donde se le conocía como «El Decano del Speedway». Había conquistado respeto, admiración y, sobre todo, la paciencia que solo el tiempo y la experiencia pueden otorgar a un hombre destinado a la gloria. Finalmente, parecía que el destino le otorgaría la oportunidad que tanto había anhelado.

A los mandos de su imponente Kurtis Kraft-Novi, Miller se preparaba para enfrentarse una vez más al desafío de Indianápolis, con la firme determinación de conquistar las 500 millas y dejar su huella eterna en la historia del automovilismo.

Pero el 15 de mayo de 1953, la tragedia, implacable y brutal, golpeó con fuerza. Mientras practicaba en el legendario Indianápolis Motor Speedway, Chet Miller alcanzó una velocidad vertiginosa de 223 kilómetros por hora. El rugido de su máquina resonaba en el aire, pero el destino, como un viejo enemigo acechante, decidió traicionarlo en la primera curva. La rueda delantera izquierda de su auto mordió la grava con una furia inusitada, como un perro rabioso buscando escapar.

El vehículo, como un titán herido que aún intentaba resistir, se lanzó con violencia contra el muro. El impacto fue devastador, un estruendo que hizo temblar los cimientos del circuito. La barrera recibió la furia de su máquina una y otra vez, como si la misma pista reclamara al hombre que le había entregado su alma. Finalmente, el coche se detuvo frente a la tribuna D, despojado de su grandeza, inmóvil como un guerrero caído en su último combate.

Así, en un instante cruel e irreversible, la carrera de Chet Miller llegó a su fin. La velocidad que había perseguido toda su vida, y por la que había sacrificado tanto, se la llevó con él. Con 50 años, Chet se convirtió en el piloto de mayor edad en la historia de la Fórmula 1 en sufrir un accidente mortal, dejando atrás una vida dedicada al arte de desafiar el tiempo y la muerte.

Miller dejó atrás a su viuda, Gertrude, pero su legado no continuó en forma de hijos. La tragedia, en su cruel ironía, llevó a Chet al descanso eterno en el Cementerio Crown Hill de Indianápolis, un lugar que acoge los ecos de quienes han sido parte indiscutible de la historia.

Irónicamente, el mismo bólido que segó la vida de Chet en aquella fatídica tarde de mayo había sido testigo de otra tragedia casi cinco años antes: la muerte de su buen amigo Ralph Hepburn. Un epílogo cruel, que entrelazó las vidas y las muertes de dos hombres unidos por la velocidad y la pasión, pero separados por la fatalidad de la misma máquina.

Quince días después de la fatalidad que reclamó la vida de Chet Miller, su compañero de equipo, Carl Scarborough, también encontró la muerte en la misma carrera, cerrando de manera trágica un capítulo oscuro en la historia del Indianápolis Motor Speedway. En un giro cruel del destino, la velocidad que tanto los había unido también se convirtió en su tumba, sellando una conexión eterna entre ambos en los anales de la historia.

Chet Joseph Miller es recordado como el primer piloto en perder la vida en el marco del Campeonato Mundial de Fórmula 1, un héroe caído que abrió la sombría lista de aquellos que, por su pasión y valentía, entregaron sus vidas en favor de la gloria de un deporte imparable. Su sacrificio marcó el inicio de una saga de tragedias, un recordatorio del precio que algunos hombres pagaron en su búsqueda imparable de la velocidad y la inmortalidad.

Su legado, sin embargo, no es uno de muerte, sino de valentía, pasión y una determinación extraordinaria. Chet Miller no solo corrió en Indianápolis; se convirtió en un símbolo de lo que significa desafiar los límites, un guerrero que, con cada vuelta, conquistó no solo el asfalto, sino los corazones de quienes comprendieron que, en la búsqueda de la grandeza, la velocidad es el lenguaje de los inmortales.

Miller dejó una huella indeleble en el automovilismo, recordado por su coraje ante la adversidad y su imperturbable fe en el poder de la máquina y el hombre. Su nombre, grabado con fuego en la historia de las 500 Millas de Indianápolis, sigue vivo como un testamento de aquellos que, sin miedo a la muerte, se atrevieron a desafiar el tiempo en nombre de la gloria.

Carl Scarborough (03.07.1914 – 30.05.1953)

«En el torbellino de la velocidad, su vida fue un destello fugaz, pero su huella quedó grabada en el asfalto como un eco imborrable de coraje y pasión»

Carl Scarborough nació en Benton, Illinois, el 3 de julio de 1914, en el mismo día que la nación celebraba su independencia, como un presagio de la libertad que encontraría sobre el asfalto. Creció en el corazón de la vasta América, donde la velocidad se convirtió en su lenguaje y los motores, en su alma. Desde su juventud, la competición era su destino. El rugido de los autos era para él una melodía ancestral que lo llamaba a la acción, y los caminos de Michigan, Indiana y Ohio fueron sus primeras arenas de batalla. Allí, sin más testigos que las sombras del crepúsculo, participaba en carreras clandestinas que desafiarían los límites de lo posible.

Cuando no estaba desafiando a la velocidad en las calles, se sumergía en el arte de la mecánica, fabricando herramientas y matrices con la precisión de un orfebre. Este oficio, aprendido a través de los años, le otorgó el conocimiento que más tarde convertiría en un instinto afilado, capaz de comprender la complejidad de los motores que dominarían las pistas y lo llevarían hacia la gloria.

Su camino hacia la gloria estuvo marcado por la adversidad. En sus primeros años, una brutal colisión lo alejó de las carreras durante dos largos años. Pero Carl era un hombre de hierro y su espíritu indomable lo llevó de regreso a las pistas. Desde 1940, corrió en la categoría *midget*[1] en pistas de tierra, y en 1946, su nombre se inscribió en la historia al coronarse campeón nacional en dicha categoría. No contento con esa victoria, ese mismo año dominó también la categoría de autos grandes, convirtiéndose en el primer piloto en ostentar simultáneamente ambos títulos en la Central States Racing Association.

Su primer asalto a la legendaria Indianápolis tuvo lugar en 1950. Delgado, amigable y de naturaleza humilde, Carl Scarborough, con su espíritu de acero y su calma inquebrantable, se enfrentó al temido ritual del novato en el sagrado templo de la velocidad. Pero el destino, a veces caprichoso y otras cruel, no le sonrió esa vez: a pesar de su tesón, no logró encontrar un coche con el que competir. Sin embargo, como todo guerrero que sabe que la derrota no es más que un paso hacia la victoria, Scarborough no se rindió. La ausencia de un volante en su debut solo avivó el fuego de su determinación.

En 1951, regresó con más ímpetu que nunca. Este regreso fue su declaración de guerra a la voluntad divina. Al volante de un coche que no era el mejor, pero que llevaba consigo el corazón de un hombre decidido, marcó la segunda vuelta de clasificación más rápida que se hubiera registrado hasta ese momento en el Indianápolis Motor Speedway. Un destello de talento en medio de la adversidad, como una

---

[1] Se trata de una categoría de coches pequeños y ligeros que compiten en circuitos cortos. Los autos midget son vehículos de carreras con un diseño compacto, suelen tener motores de alto rendimiento y están diseñados para carreras en pistas de tierra o de asfalto cortas. Son muy populares en los Estados Unidos, y las competiciones de midget racing tienen una rica tradición, sobre todo en el ámbito de las competiciones locales y regionales.

estrella fugaz cruzando la oscura noche del automovilismo. Carl Scarborough no solo estaba en Indianápolis para competir, sino para hacer historia (3).

Con el número 73 adornando su McNamara Special y el poder del equipo Kurtis Kraft 3000, impulsado por el motor Offenhauser, Carl Scarborough se lanzó nuevamente a la arena sagrada de las 500 Millas de Indianápolis. Su clasificación no fue menos que impresionante, asegurando la 15ª posición en la parrilla de salida, un testamento a su habilidad y determinación en un campo tan competitivo. Aunque las expectativas eran altas, el hado tenía otros planes para él.

La carrera de Scarborough terminó prematuramente en la vuelta 93, cuando un fallo en el eje de su coche lo hizo perder el control. El McNamara Special se convirtió en una infernal antorcha, envuelto en llamas que amenazaban con consumirlo todo. Pero la tragedia nunca fue capaz de borrar la huella que Carl había dejado en el asfalto de Indianápolis. Su nombre ya estaba grabado en la memoria del automovilismo, no solo por su valentía y destreza al volante, sino por la forma en que siempre peleó, incluso cuando las circunstancias eran adversas (4).

Su espíritu indomable lo trajo de vuelta en 1952, pero los dioses de la velocidad le negaron el paso a la gran carrera. No se rindió. El 16 de mayo de 1953, bajo cielos tormentosos y con el recuerdo de Chet Miller aun flotando sobre el circuito, se enfrentó nuevamente al desafío. La clasificación, retrasada por la lluvia, fue feroz, pero Scarborough logró su puesto en la séptima fila de salida, asegurando su destino con un promedio de 219 kilómetros por hora (5).

El 30 de mayo de 1953, la 37ª edición de las 500 Millas de Indianápolis no solo marcó el retorno de Carl Scarborough, sino que también estaba destinada a ser una jornada histórica, bañada en el calor abrasador y una atmósfera cargada de tensión. El día comenzó bajo un sol implacable, que convirtió el ambiente en un horno, presagiando la lucha que se desataría en el circuito.

Antes de que los rugidos de los motores llenaran el aire, algo insólito ocurrió: tres *majorettes* de la Universidad de Purdue, completamente desgastadas por la ola de calor, sucumbieron y cayeron al suelo. La imagen de sus cuerpos caídos fue un oscuro presagio de la brutal prueba que los pilotos enfrentarían en la pista. En ese día tan caluroso, solo los más fuertes sobrevivirían, y Scarborough, con su espíritu indomable, era uno de esos guerreros dispuestos a desafiar las probabilidades.

El sol no solo abrazaba la pista, sino que se reflejaba en las mentes de cada uno de los competidores, que sabían que debían mantener su temple bajo las altas temperaturas. Con una concentración casi mística, Scarborough se preparaba para enfrentarse a un reto colosal. Aunque la competencia era feroz y las condiciones extremas, él se encontraba entre los gladiadores de Indianápolis, listo para dejar su marca en la historia de las 500 Millas.

La pista se convirtió en un horno infernal. El calor abrasador calcinó los *cockpits* de los autos, quemando los pies de los pilotos y exigiendo un sacrificio despiadado. En la vuelta 115, Pat Flaherty, que rodaba en tercer lugar, cayó víctima del sol implacable y perdió el conocimiento, estrellándose contra el muro. Sobrevivió, pero la carrera había cobrado su primera presa. Uno a uno, los pilotos caían, reemplazados por conductores de relevo. Catorce hombres tuvieron que ceder su lugar en una batalla contra un enemigo invisible pero letal.

En la vuelta 70 de aquella mítica 37ª edición de las 500 Millas de Indianápolis, Carl Scarborough hizo su entrada a boxes. Exhausto y consumido por el sofocante calor, cuando su coche se detuvo, su cuerpo ya no pudo resistir más, y cayó desvanecido dentro del vehículo. El agotamiento extremo había hecho su trabajo, y su condición no le permitió mantenerse en pie.

Rápidamente, su equipo lo sacó del coche y lo dejó en el muro de *pits*, donde sus compañeros intentaron reanimarlo y darle algo de aire. Pero en ese mismo instante, el azar, como una fuerza imparable, desató su furia. El combustible que rodeaba el coche estalló en llamas, envolviendo el vehículo en un incendio feroz. Afortunadamente, el fuego fue sofocado con rapidez, pero el daño ya estaba hecho. El calor y la tensión habían dejado a Scarborough en un estado físico tan crítico que no pudo continuar.

Mareado y débil, Scarborough logró levantarse con esfuerzo, cruzó tambaleante al otro lado del muro y se dejó caer en una silla. Mientras él descansaba, su compañero de equipo, Bob Scott, asumió el volante y llevó el auto hasta la duodécima posición final. Aunque Scarborough no pudo completar la carrera, su valentía y sacrificio en condiciones extremas nunca serían olvidados. Su espíritu de lucha quedó inmortalizado, incluso en un día marcado por la adversidad.

Scarborough nunca volvió a abrir los ojos. Su cuerpo había sido traicionado por la inhalación de monóxido de carbono – presumiblemente provocado por el uso de los extintores minutos atrás - y el despiadado calor. La ambulancia no tardó en llegar. Cuando ingresó al hospital, su temperatura era de 40°C y continuaba subiendo. Los médicos lucharon con desesperación: le administraron oxígeno, intentaron reanimarlo con un respirador, estimularon su corazón, incluso recurrieron a la cirugía y el masaje cardíaco. Pero la voluntad celestial ya había sellado su sentencia. Aunque tomó algunas débiles bocanadas de aire, nunca recuperó la respiración normal. Recibió los últimos ritos en la fría sala del hospital y su llama se extinguió una hora y media después de haber dejado su coche en los *pits*.

Ese día infernal, la carrera reclamó a otros nueve pilotos, entre ellos Tony Bettenhausen, quien años después también encontraría su final en el mismo circuito maldito. La temperatura devoró los neumáticos como si fueran ceniza, y solo 23 coches lograron completar la mitad de la carrera. El ganador fue Bill Vukovich, el temerario «Loco Ruso», quien cruzó la línea de meta con una vuelta rápida de 1:06.240. Dos años después, también sucumbiría en la voraz pista de Indianápolis.

El sacrificio de Scarborough no fue en vano. Al año siguiente, los organizadores de la Indy 500 implementaron nuevas reglas para mejorar la ventilación de los autos y evitar que otro guerrero cayera de la misma manera. Sin embargo, la tragedia ya había dejado su marca imborrable en la historia.

Carl Scarborough, a sus 38 años, dejó atrás a su esposa Phyllis y a sus tres hijos: Lorraine, de 17 años; Kay, de 9; y Jerald, de 16. Tres décadas después de su última carrera, en 1985, su nombre fue inmortalizado en el Salón de la Fama del Automovilismo de Michigan, donde su legado sigue ardiendo como un motor indomable, un rugido eterno que jamás será silenciado en el circuito de la memoria.

Charles de Tornaco (07.06.1927 – 18.09.1953)

«La juventud, a menudo, es un corcel desbocado que, en su más fulgurante carrera, tropieza con la sombra del destino; y cuando parece estar a punto de alcanzar la gloria, es arrebatada por un viento cruel que apaga su llama antes de que pueda brillar en todo su esplendor»

Barón Charles Victor Raymond André Evance de Tornaco. O, si el decoro lo permite, simplemente Charles de Tornaco. Nombre de linaje, estampa de gentilhombre. Y, por supuesto, un barón, si acaso alguien osara olvidar la distinción que su linaje le confería. Nacido en el seno de la ilustre casa de Tornaco, la fortuna le sonreía desde la cuna, pues la nobleza de su estirpe no era sino un reflejo de su destino. Su bisabuelo ostentó la dignidad de primer ministro de Luxemburgo; su tatarabuelo, aún más ilustre, recibió de manos del mismísimo Napoleón la encomienda de regir la ciudad de Luxemburgo.

La estirpe de Charles de Tornaco le concedía aquella aristocracia innata que parecía requisito indispensable entre los caballeros que osaban desafiar la velocidad, pero, además, contaba con un linaje automovilístico que lo apartaba del común de sus iguales. Su padre, pionero entre los osados que domaban las máquinas, inscribió su nombre en los anales del automovilismo belga, desafiando el tiempo y la fatiga en las primeras carreras de resistencia. Tercero en la primera edición de las 24 Horas de Le Mans de 1923 y nuevamente tercero en la inauguración de las 24 Horas de Spa un año después, legó a su hijo no solo un título y una fortuna, sino también una senda marcada por la audacia y la velocidad.

Criado en una familia cuya riqueza rivalizaba con su casta, el joven Charles no podía sino verse arrastrado por el torbellino del automovilismo. No obstante, el camino hacia las glorias del volante no se traza en solitario. Fue así como entraron en escena dos camaradas de igual temple: Jacques Swaters y André Pilette, este último hijo del renombrado corredor de las 500 Millas de Indianápolis, Théodore Pilette. Juntos, aquellos jóvenes, tan dados al placer como al peligro, se entregaban a la embriaguez de la velocidad por los caminos rurales de la postguerra, evocando en su época lo que hoy serían los herederos de grandes fortunas surcando avenidas en sus ruidosos corceles mecánicos.

Fue en esta década de juventud y excesos cuando Swaters, beneficiario de la cuantiosa fortuna de su padre caído en la guerra, decidió abandonar los rigores del derecho para erigir su propio templo al automovilismo en Bruselas. De Tornaco y Pilette, ansiosos de emular las hazañas de sus progenitores, no tardaron en unirse a la empresa. Y, entre los tres, era Charles de Tornaco quien exhibía el espíritu más temerario.

La muestra más evidente de su temeridad se dio a las puertas de las 24 Horas de Spa de 1948. Swaters había adquirido un viejo MG con glorioso historial en Le Mans, y estaba a punto de hacer su debut en la legendaria carrera junto a Paul Frère cuando de Tornaco, con su inconfundible aire de pillo aristocrático, le persuadió para que le prestara el coche para una vuelta por la universidad. Como era de esperar, el noble aventurero regresó con el motor humeante y, de alguna forma, con el árbol de levas descolorido. Todo ello a apenas dos jornadas de la inspección técnica.

Milagrosamente, Frère y Swaters lograron reparar el vehículo y alcanzaron un asombroso cuarto lugar. Al año siguiente, de Tornaco experimentaría en carne propia la dureza de Spa-Francorchamps al compartir un BMW 328 con Swaters. En aquella ocasión, sin embargo, no lograría alcanzar la ansiada meta.

Para entonces, el trío de Tornaco, Swaters y Pilette ya alzaba la vista hacia cimas más elevadas. Con un viejo Talbot-Lago Grand Prix como estandarte, se disponían a desafiar las alturas del automovilismo en la que sería la nueva cumbre del honor y la velocidad junto a su nueva escudería Ecurie Francorchamps: la recién inaugurada Fórmula 1. (6)

El Campeonato Mundial de Pilotos se encontraba en un periodo de transformación, ajustando sus reglamentos para adoptar las especificaciones de la Fórmula Dos en 1952. Para los grandes fabricantes, en especial Alfa Romeo, esta decisión fue vista como una afrenta. Sin embargo, lo que para algunos representaba un desprecio, para los inseparables Tornaco y Swaters resultó ser una inesperada oportunidad.

Con admirable perspicacia, la dupla de Ecurie Francorchamps logró estrechar lazos con Ferrari, adquiriendo un Ferrari 166 de manos de

Gianni Agnelli, quien con el tiempo se convertiría en la figura clave de FIAT. Además, forjaron una relación privilegiada con Girolamo Gardini, responsable del departamento comercial de Ferrari en aquel entonces. Confiados en su visión, encargaron un Ferrari 500, el mismo modelo con el que Ascari impondría su dominio, con la firme intención de que de Tornaco compitiera en la temporada de 1952.

Sin duda, alentado por aquel prometedor resultado y con la imponente silueta del Ferrari 500 aguardando en el garaje de Francorchamps, Ecurie Francorchamps inscribió a de Tornaco en el Gran Premio de Bélgica. Aunque la diferencia con Ascari en la clasificación fue considerable—perdiendo 40 segundos en un circuito de 15 kilómetros—su desempeño resultó notable en comparación con el resto de los competidores. En su primera incursión en el Campeonato Mundial, logró una meritoria decimotercera posición en la parrilla de salida y culminó la carrera con un aún más impresionante séptimo puesto entre los quince finalistas.

En el año de gracia de 1953, un último resplandor brilló en la corta pero notable carrera del joven Barón de Tornaco. Un Jaguar C-Type, encargado por Ian Appleyard para el Rally Alpino, llegó a manos de Roger Laurent, quien, al descubrir que el coche no estaba preparado para tal evento, lo vendió a Ecurie Francorchamps. Allí, el Ferrari de Tornaco y Swaters vio en el Jaguar una oportunidad para la gloria. Junto a Laurent, de Tornaco llevó el vehículo a Le Mans. A pesar de que los C-Type estándar no podían rivalizar con las versiones especiales de fábrica, que dominaban con carrocerías ligeras y potentes motores, lograron un heroico noveno lugar, sorprendiendo incluso a los líderes de Jaguar, quienes, impresionados, estrecharon una alianza con los belgas.

Pero el fatum, como un cruel adversario, esperaba. Tras un desastroso Gran Premio de Bélgica, donde ambos Ferrari de Francorchamps fueron forzados a abandonar las prácticas, de Tornaco y sus amigos se inscribieron en el Gran Premio de Módena, en el corazón de Ferrari. A pesar de la ausencia de los autos oficiales de Enzo, el Barón, el único piloto con un Ferrari, desafió el destino en su 500 amarillo. Sin embargo, en las prácticas, mientras se veía perseguido por los Connaughts, de Tornaco, al mirar atrás, perdió el control del vehículo, que volcó tras un golpe. El joven noble sufrió una mortal fractura en el cráneo. Sin atención médica en el circuito y sin una ambulancia, fue trasladado en un coche privado al hospital, pero la vida se le escapó antes de llegar. A tan solo 26 años, su vida se apagó. Su leal amigo Jacques Swaters, quien se encontraba en Bélgica, recibió la desgarradora noticia por teléfono. Swaters, atormentado por no haber estado a su lado en esos últimos momentos, vivió con este peso hasta su muerte en 2010.

En las serenas colinas de Valonia, en la pequeña y tranquila localidad de Taviers, yace el cuerpo de Charles de Tornaco, el joven noble cuya luz se extinguió demasiado pronto. En este rincón de Bélgica, cercano a su tierra natal, el destino lo ha llamado a su último reposo. Taviers, perteneciente al antiguo municipio de Huy, es testigo del final de una vida que, aunque breve, estuvo marcada por la nobleza, la velocidad y el sino ineludible de un alma destinada a la grandeza. Este sagrado suelo guarda los restos de un piloto prometedor, cuya brillante carrera fue interrumpida por la tragedia. Aquí, entre los ecos de su linaje, la historia de su vida permanece viva, recordando la juventud arrebatada, la pasión incansable y el camino cruel que lo llevó a dejar este mundo antes de alcanzar el esplendor que le aguardaba.

Onofre Agustín Marimón (19.12.1923 – 31.07.1954)

«Entre el polvo y la gloria, su alma ardiente trazó un camino de fuego en las pistas,
dejando un legado que arde eternamente en el corazón de la velocidad»

En la brisa eterna que sopla sobre los circuitos de la historia automovilística, el nombre de Onofre Marimón resuena con la potencia de un motor desbocado y el eco impávido de un destino escrito en asfalto y gloria. Nacido en Zárate, Buenos Aires, aquel 19 de diciembre de 1923, su infancia fue un prólogo forjado entre cambios de horizonte y sueños de velocidad. El destino lo llevó a Cosquín, aquella ciudad cordobesa que, como si hubiera presentido la grandeza de su hijo adoptivo, eternizaría su nombre en una de sus calles, inmortalizando así su legado.

Pero su linaje ya ardía con la fiebre de la velocidad. Su padre, Domingo Marimón, catalán de cuna y gladiador del Turismo Carretera, domó las rutas indómitas de Sudamérica con audacia y temple. En 1948, inscribió su nombre en la historia al conquistar el mítico Gran Premio de América del Sur, una epopeya de catorce jornadas, desde Buenos Aires hasta Caracas, recorriendo más de nueve mil kilómetros de terreno hostil, donde la resistencia del hombre y la máquina eran puestas a prueba sin tregua.

Fue en ese universo de polvo, estruendo y frenesí donde Onofre Marimón encontró su camino, forjando su leyenda entre motores que rugían como bestias y caminos que solo los valientes osaban desafiar.

Desde su juventud, el automovilismo no fue una simple pasión, sino el designio ineludible que marcaría su vida con el fuego de la velocidad. Tras su paso por el Colegio Santo Tomás en Córdoba, donde el eco de los libros nunca pudo acallar el llamado de los motores, abandonó los estudios para sumergirse en la forja del aprendizaje práctico. Fue en el taller de Ángel Anticaglia, quien con el tiempo se convertiría en su amigo y confidente, donde empezó a escribir su propia historia.

Allí, entre el perfume áspero del aceite y el estruendo metálico de las herramientas, Marimón dio sus primeros pasos en el sendero de la gloria. Barrió suelos que, tiempo después, haría estremecer con la potencia de su talento. Aprendió con las manos lo que otros solo comprendían en teoría, domando engranajes y piezas como un escultor que moldea su obra maestra. Y así, con la humildad del aprendiz y la determinación del elegido, comenzó a construir la leyenda que lo inmortalizaría (7).

El fuego de la herencia paterna ardía en su pecho, avivado por el rugido de los motores y el llamado inexorable de la velocidad. En 1949, el azar, siempre caprichoso y audaz, le ofreció su primera gran prueba. Un infortunio apartó a su padre de la competición cuando una fractura de clavícula lo dejó fuera de combate. Pero donde otros habrían visto un obstáculo, Onofre Marimón vio su oportunidad. Sin titubeos, tomó el volante del Chevrolet familiar y se lanzó al asfalto de Mar del Plata. No se conformó con competir; venció. Y con esa victoria dejó claro que no era solo un heredero de la pasión por las carreras, sino un legítimo aspirante a la gloria.

Su destreza al mando de un coche era incuestionable, y pronto comenzó a medirse con los más grandes. En La Cumbre, se batió con titanes y logró un meritorio segundo puesto tras José Froilán González, otro gigante del automovilismo argentino. Aquel día, su montura era un coche preparado por Rubén Renato «Toto» Fangio, hermano menor del legendario Juan Manuel Fangio, un apellido que resonaría en la historia con la fuerza de un trueno. Pero Marimón no era una sombra en el camino de otros; era un nombre que, con cada curva domada y cada meta cruzada, empezaba a escribir su propia epopeya (8).

El horizonte de la grandeza se extendía ante él, un vasto territorio de gloria aún por conquistar. En 1950, su destreza quedó inscrita en las pistas argentinas, pero su espíritu anhelaba más. Como todo guerrero de la velocidad, su ambición ardía con un solo propósito: desafiar a los dioses del automovilismo en las míticas tierras de Europa.

Fue entonces cuando su destino se entrelazó aún más con el de su mentor y amigo, Juan Manuel Fangio. El «Chueco», ya convertido en leyenda, prometió a Domingo «Toscanito» Marimón que velaría por su hijo en la odisea europea. Así, bajo el estandarte del Equipo Argentino «Achille Varzi», Onofre emprendió el viaje que definiría su carrera.

El año 1951 marcó su bautismo en las arenas del automovilismo internacional. Su primera gran batalla tuvo lugar en las 24 Horas de Le Mans, aquella prueba legendaria donde solo los más valientes desafiaban la eternidad. Compartió la cabina de un Talbot-Lago T2GS con otro gladiador de las pistas, José Froilán González. Durante 128 vueltas, surcó la noche francesa con el rugido de su máquina como estandarte, pero la diosa Fortuna, siempre caprichosa e implacable, decidió poner fin a su embestida. Un fallo en el radiador lo apartó de la victoria, recordándole que la gloria es un bien esquivo, reservado solo para aquellos que insisten en reclamarla.

Apenas una semana después, el hado volvió a llamarlo al combate, esta vez en el sagrado templo de la velocidad: las vertiginosas calles de Reims. Aquel circuito, donde el asfalto dictaba su ley y un breve tramo de adoquines desafiaba el pulso de los pilotos, sería el escenario de su primera batalla en el Campeonato Mundial de Fórmula 1.

A los mandos de un Maserati 4CLT-50 de la *Scuderia Milano*, Marimón se lanzó al desafío con la fiereza de quien sabe que cada curva es un juicio y cada recta, una sentencia. Con pericia indomable, domó su montura hasta erigirse como el más veloz entre los que compartían su estirpe mecánica, batiendo a todos los demás Maserati en el campo de batalla. Pero la gloria, siempre esquiva y cruel, le reservaba una amarga lección.

Apenas una vuelta después del rugido inicial, su carrera llegó a un final abrupto y brutal. El motor de su máquina, exigido hasta el límite, estalló en un rugido de muerte, dejando tras de sí un silencio ominoso. Fue un recordatorio despiadado de la fragilidad del destino, un presagio oscuro que parecía susurrarle que, en el mundo de la velocidad, incluso los elegidos caminan sobre el filo de la tragedia. (7,8).

El camino hacia la gloria se dibujaba con cada curva conquistada, con cada rugido de motor que rasgaba el aire como un himno de acero y fuego. En 1952, Onofre Marimón afianzó su dominio en su tierra natal, compitiendo con bravura en Argentina y acariciando la grandeza en el campeonato de Mecánica Nacional al mando de su Chevrolet. Pero su espíritu no conocía fronteras; su camino no estaba escrito en un solo horizonte.

El año 1953 marcó su regreso triunfal al Viejo Continente, esta vez como miembro de la escudería Suixtil, un estandarte de audacia y velocidad. Bajo su nueva armadura, se lanzó nuevamente a la batalla, corriendo para Maserati en la feroz arena de la Fórmula 2 y compartiendo el desafío de las 24 Horas de Le Mans junto a su eterno mentor, Juan Manuel Fangio.

El 21 de junio de aquel año, en el mítico circuito de Spa-Francorchamps, el juicio del cielo lo puso a prueba una vez más. Convencido por Fangio, se enfundó en el sagrado mono de Maserati y, con el temple de un guerrero, firmó una actuación memorable. Aquel día, la lluvia y la velocidad forjaron héroes, y Marimón se alzó como uno de ellos, alcanzando el podio con un glorioso tercer puesto.

El azar, como un viento implacable, seguía empujándolo hacia la cumbre. En el Aero-Autódromo de Módena, su ascenso continuó con otra hazaña: cruzó la meta en segunda posición, solo por detrás del maestro Fangio. Con aquel logro, su nombre quedó inscrito entre los titanes emergentes, aquellos que desafían a los dioses de la velocidad y esculpen su legado en el asfalto.

Imagen Archivo "El Gráfico", cortesía de la Fundación Fangio. Onofre situado en el centro, brindando con José Froilán y Juan Manuel Fangio.

El año 1954 lo encontró librando una batalla contra la adversidad, enfrentando con valentía los caprichos del destino. Pero la grandeza, forjada en la resistencia y el coraje, lo esperaba en tierras sagradas.

El 6 de junio, en la eterna Roma, donde la historia susurra hazañas de emperadores y gladiadores, Onofre Marimón inscribió su propio capítulo en la epopeya del automovilismo. A los mandos de su imponente Maserati 250F, domó el asfalto con maestría y cruzó la meta como vencedor. Aquel fue su único triunfo en suelo europeo, una victoria que, aunque no sumó puntos para el Campeonato del Mundo, quedó esculpida en el tiempo como el día en que su nombre resonó con fuerza entre los grandes.

Pero la batalla no había terminado. En Silverstone, cuna del Gran Premio de Gran Bretaña, la fortuna volvió a ponerlo a prueba. Su equipo llegó tarde, y los coches de Maserati fueron relegados al fondo de la parrilla. Desde el vigésimo octavo puesto, todo parecía perdido para cualquiera… pero Onofre no era cualquiera.

Con la fiereza de un guerrero indomable, desafió a la voluntad divina y al pelotón, remontando con audacia y precisión hasta emerger como un coloso de la pista. Uno a uno, fue dejando atrás a sus rivales hasta reclamar lo que le pertenecía: un heroico tercer lugar. Aquel día, Marimón no solo demostró su talento, sino su temple inmutable, la marca de los verdaderos colosos del automovilismo.

El viernes 30 de julio de 1954, en las entrañas del implacable Nordschleife de Nürburgring, aquel circuito maldito que el tiempo y la osadía bautizarían como el «Infierno Verde», la tragedia se alistaba para tomar el volante de su epílogo.

En las primeras prácticas de aquel fatídico día, Onofre Marimón se encontró cara a cara con el rugido descontrolado de la bestia. En un instante de fatal desdicha, el acelerador de su Maserati se quedó atascado a fondo, y la máquina, desbocada, lo arrastró en su furia. El motor, al ser forzado al límite, cedió ante la violencia de la situación, quebrándose bajo la presión de la velocidad sin control. El reloj, testigo mudo de la escena, registró tiempos que nunca reflejaron el verdadero potencial de Onofre.

En ese momento, la gloria se desvaneció ante la cruda realidad del implacable destino. La victoria, tan cercana, se alejaba mientras el sonido del motor roto se ahogaba en la niebla de Nürburgring, dejando a Onofre sin su oportunidad de brillar en aquel escenario épico.

Era la clasificación para el Gran Premio de Alemania, y Fangio, el maestro venerado, el sabio centinela del peligro, le había dado un consejo que resonaba en el aire como un susurro de experiencia: llegar juntos al circuito, para que Onofre siguiera su estela durante un par de vueltas, como un discípulo que absorbe los secretos del arte de dominar el asfalto. En ese contacto, el joven piloto aprendería los sutiles movimientos que podrían transformar su habilidad y reducir sus tiempos de manera significativa.

Pero el destino, siempre impredecible, tenía otros planes. Fangio se demoró en salir del hotel de Adenau (9), y el tiempo se estiraba como una sombra en la espera, y la impaciencia, esa llama indomable que tanto caracteriza a la juventud, avivó el corazón de Onofre. El deseo de desafiar sus propios límites, de alcanzar la gloria con la rapidez de una centella, lo empujó a tomar la decisión fatal: adelantarse, no esperar al maestro.

La lluvia, como siempre, aliada de la tragedia, caía de manera casi ritual, susurrando advertencias que se desvanecían ante el rugido de la máquina. La pista, cada vez más traicionera, se convirtió en un escenario de presagios oscuros. El hado, como un antiguo dios celoso, ya había marcado su rumbo, y Onofre, con la velocidad en el alma, avanzó sin mirar atrás.

Partió solo, con la furia de su Maserati como único testigo, desafiando el asfalto y al tiempo mismo, como un gladiador que se enfrenta a la eternidad. El rugido del motor se fundió con el eco de su voluntad indomable, mientras la pista lo absorbía en su vasto abrazo. El reloj giró, inclemente, marcando el paso de un destino que ya no podía ser detenido.

La bruma del circuito, como una niebla de presagio, lo devoró, ocultando su figura en las sombras del «Infierno Verde». La multitud, espectadora muda de un drama que solo la velocidad podía escribir, esperó su regreso, anhelante. Pero la silueta de Onofre nunca emergió de la niebla. El circuito, tan implacable como la voluntad celestial, se tragó su presencia, dejando tras de sí solo el eco del motor que se apagaba, y el vacío de una esperanza que ya no podía ser alcanzada.

La inquietud se transformó en zozobra, como un susurro de sombras que se esparcía entre sus compañeros. Fangio, el hombre de hielo ante la adversidad, sintió cómo su alma se atenazaba por un presagio funesto, un malestar que atravesaba su ser como un filo. Con la voz quebrada por la angustia, alzó el tono, exigiendo al equipo Maserati que iniciara la búsqueda.

Pero el mandato celestial, implacable y sordo a los ruegos humanos, ya había dictado su veredicto, y el tiempo se tornaba cómplice de su cruel sentencia. La maquinaria de la búsqueda comenzó a moverse, pero el reloj seguía girando, inclemente, y la esperanza se desvanecía en cada segundo que pasaba.

El Maserati de Roberto Mieres recorrió el circuito, su rugido cortando la niebla de incertidumbre, hasta que, en un rincón sombrío, halló lo que el destino había dejado atrás: un boquete en los arbustos, un silencioso testigo de la tragedia que ya había consumido a Onofre. El vacío de la pista se llenó con el eco de una esperanza rota. Allí, entre sombras y susurros de tragedia, yacía Onofre, su final sellado en el abrazo cruel del asfalto. Junto a él, su inseparable bólido, ahora un cadáver de fuego y cenizas, consumía los últimos alientos de su furia mecánica.

Imagen Archivo «El Gráfico», cortesía de la Fundación Fangio. Fangio y Froilán llorando la muerte de Onofre.

Según algunos testigos, el coche de Onofre había desafiado la curva con una marcha de más, una osadía que la pista, intransigente, no perdonó. Desbarrancándose, cayó en un vuelo mortal, descendiendo casi cien metros en un trayecto que no fue más que la eterna caída de un sueño truncado. Un vuelo fatal que segó su joven vida, dejando tras de sí solo el eco de la velocidad desbordada.

Un sacerdote, cámara en mano, fue el primero en hallar su figura inerte, como una sombra que se desvanecía en el reino de la tragedia. El tórax, hundido por el impacto del volante, y las cervicales rotas, sellaban con su brutalidad el epílogo de una historia que no estaba destinada a ser contada. El rugido de su Maserati había callado para siempre, y la pista, en su silencio absoluto, se convirtió en un mausoleo de la juventud perdida, del talento arrebatado por la furia del destino (7).

Fangio, siempre en sintonía con los vientos oscuros que soplaban en el aire, tuvo un pequeño presentimiento, una inquietud que se le clavó en el alma como una flecha envenenada. Algo en su interior, esa conexión casi mística que solo los grandes pilotos comparten, le susurró que Onofre podría haber sufrido el mismo resultado fatal que él mismo había enfrentado el día anterior. Un problema con el acelerador, esa maldita falla mecánica que lo había arrojado fuera de la pista, parecía ser el culpable (9).

En su mente, la imagen era clara: Onofre, en un intento desesperado por salvar la integridad de su planta impulsora, había hecho lo que cualquier piloto haría en esa situación extrema. Había luchado con la máquina, forzándola hasta el límite en un intento de mantenerla bajo control. Pero esa lucha, esa osadía de la desesperación, acabó llevándose su vida. La máquina, desbordada por la fuerza del motor y la furia de la pista, no perdonó. Y en esa batalla entre el hombre y la máquina, Onofre había sido el héroe que, en su último acto de valentía, cayó víctima de la implacable furia del destino.

Onofre, tenía solo 30 años, siete meses y doce días. En los boxes, su padre aún esperaba su regreso, controlando tiempos que nunca se completarían. Así, Onofre Marimón, «Pinocho», se convirtió en el primer piloto y único argentino en perecer en la máxima categoría del automovilismo mundial.

Imagen Archivo «El Gráfico», cortesía de la Fundación Fangio. Froilán y Roberto Mieres observando el bólido accidentado de Onofre.

Su descanso final lo halló en el cementerio de Cosquín, donde la eternidad lo aguarda como un guardián silente de la velocidad. Su nombre, inmortalizado en un circuito de carretera en Villa Carlos Paz, sigue retumbando en cada rugido de motor, en cada curva desafiante, en cada piloto que afronta los límites de lo imposible. Porque los héroes, aunque caigan, nunca mueren.

Manuel Ayulo (20.10.1921 – 17.05.1955)

«En el fragor de las pistas, su vida fue un relámpago de pasión y riesgo, un suspiro intenso que iluminó, aunque brevemente, el cielo de la velocidad»

Bajo el implacable sol de California, en la vibrante ciudad de Burbank, un 20 de octubre de 1921, nació un hombre cuyo destino sería grabado en las páginas doradas de la historia del automovilismo: Manuel «Manny» Ayulo. Hijo de un diplomático peruano, creció rodeado de conversaciones formales y ceremonias elegantes, un mundo de trajes impecables y modales finos. Pero en el corazón de aquel joven, habituado a las restricciones de la etiqueta, se encendió una llama indomable, una pasión que ansiaba romper con la rigidez del entorno que lo veía crecer.

Los recuerdos de su infancia, llenos de corbatas perfectamente anudadas y reuniones sociales, pronto cedieron ante el rugido de los motores y el aroma inconfundible del aceite quemado. El joven Ayulo, con la impaciencia de quien sabe que el destino lo llama, abandonó el corbatín y la compostura de la formalidad por el feroz abrazo de la velocidad. Así, cuando alcanzó la edad adulta, la corbata se convirtió en un relicario olvidado, y su alma se entregó por completo a los vientos que solo aquellos que se atreven a desafiar la muerte pueden conocer.

Desde temprana edad, su camino quedó sellado entre las avenidas y callejones de Los Ángeles, donde corría con *hot rods*[2], desafiando el asfalto como si ya compitiera en la cúspide del automovilismo. Soñaba con medirse contra los más grandes, con ser un nombre que la historia jamás olvidara.

Manny comprendió, con la claridad que solo los grandes visionarios poseen, que para ser el más rápido no bastaba con dominar el arte de acelerar; debía entender, en lo más profundo, la esencia de la máquina que lo impulsaría hacia la gloria. Con una pasión feroz y una determinación perseverante, se sumergió en el intrincado mundo de la mecánica, convirtiéndose en el arquitecto de su propio sino. En sus manos, los motores no eran solo engranajes y piezas, sino instrumentos de poder, cuyo rugido prometía transformar su vida para siempre.

Tras el final de la Segunda Guerra Mundial, Manny adquirió un Ford Roadster, un modesto vehículo que se convertiría en su primera bestia de acero. Con él, se lanzó sin miedo a los lagos secos de California, aquellos terrenos desolados donde el polvo se alzaba como una tormenta y la adrenalina se mezclaban con el aire caliente. Entre 1946 y 1947, esos paisajes de tierra se convirtieron en su hogar, su campo de batalla. En esas pistas polvorientas, donde la velocidad no solo desafiaba la física sino también la propia vida, se forjó el hombre que, sin saberlo, estaba destinado a escribir su nombre en los anales de la inmortalidad.

---

[2] En las décadas de 1920 y 1930 en Los Ángeles, los *hot rods* eran automóviles modificados para ser más rápidos y ligeros, generalmente por jóvenes entusiastas del automovilismo

El año 1948 fue el preludio de su ascenso a las alturas de la velocidad. Manny Ayulo, ya en busca de su hado, hizo su debut en el prestigioso Campeonato Nacional de la *AAA* (American Automobile Association), un certamen que reunía a los mejores guerreros de asfalto. Su primer intento de conquistar las míticas 500 Millas de Indianápolis se vio truncado cuando su Kurtis Kraft-Mercury, a pesar de su elegancia y poder, no le permitió alcanzar la gloria que tanto ansiaba. La decepción marcó su corazón, pero en la derrota, como en el fuego forjador de metales, encontró la fuerza para continuar.

El año siguiente, 1949, vio un regreso aún más audaz, cuando el óvalo de Indianápolis ya estaba inscrito en el calendario del Campeonato Mundial de Fórmula 1. Una nueva oportunidad, un nuevo desafío. Manny logró partir desde el fondo de la parrilla, enfrentando a los gigantes del automovilismo, pero una falla en la biela de su vehículo, como un cruel recordatorio de la fragilidad de la victoria, detuvo su sueño a mitad de camino. Una vez más, la gloria se le escapó, pero él, sin embargo, no se dio por vencido. Porque el verdadero espíritu de los grandes no se forja en la victoria, sino en la forma en que se levantan tras cada caída. La derrota, lejos de quebrantarlo, alimentaba su fuego interno, ese fuego que un día lo llevaría a las alturas.

En 1950, Manny fue convocado por los legendarios estudios Metro-Goldwyn-Mayer para una tarea tan singular como emocionante: conducir un automóvil equipado con una cámara especial que, deslizándose a toda velocidad, capturaba la furia y la elegancia de los autos de carrera en plena competencia (10). Su destreza al volante quedó inmortalizada en *To Please a Lady*, un filme protagonizado por Clark Gable, Barbara Stanwyck y Will Geer. La película, que llevó a la gran pantalla la pasión y el peligro de las pistas, se estrenó en octubre de ese mismo año.

En 1951, la determinación de Manny Ayulo alcanzó su máxima expresión. Sin rendirse ante los obstáculos, emprendió su primera temporada completa con la fiereza de un hombre que sabía que su tiempo aún no había llegado, pero que no dejaría que el azar lo despojara de su oportunidad. La mala suerte lo privó de la clasificación para las míticas 500 Millas de Indianápolis, una herida que, lejos de detenerlo, se convirtió en combustible para su alma.

El destino, siempre caprichoso, pero nunca ajeno a los valientes, le ofreció una segunda oportunidad, una oportunidad inesperada y, al mismo tiempo, gloriosa: debía reemplazar a Jack McGrath, quien no pudo continuar la carrera. Sin dudarlo, Manny se lanzó a la pista, con el instinto de un depredador acechando su presa. Y, en una hazaña que pasaría a la historia, llevó su máquina hasta la tercera posición en una prueba que solo ocho intrépidos lograron completar. Aquel día, con la bravura de los grandes, Manny Ayulo demostró al mundo que su nombre estaba destinado a estar inscrito en las páginas doradas del automovilismo.

El 1952 lo vio, por fin, clasificar para Indianápolis, aunque partiendo desde la vigésimo octava posición. Cruzó la meta lejos del vencedor, pero cada carrera era una lección, cada vuelta un eslabón más en la cadena de su inevitable ascenso. El ganador de esa edición fue Troy Ruttman, se proclamó el ganador más joven en ganar una carrera de Fórmula 1 con 22 años y 80 días (11). Este récord lo ostentó durante 51 años hasta que un joven piloto llamado Fernando Alonso Díaz se lo arrebató en Hungría, el año 2003.

En 1953, Manny Ayulo se alzó como una estrella fugaz en el Pole Day, conquistando la impresionante cuarta posición con una destreza que dejó a todos boquiabiertos. Su nombre resonaba con fuerza, y su presencia en la pista era la de un hombre que estaba destinado a la gloria. Sin embargo, el destino, como siempre, se mostró cruel y caprichoso, reservándole una amarga ironía: a menos de veinte vueltas del final, el mismo enemigo que ya lo había despojado de la victoria en el pasado, el fallo en la biela, volvió a reclamar su sacrificio.

A pesar de esa nueva tragedia, el crecimiento de Manny no podía ser detenido. Su espíritu, templado por las pruebas, seguía ascendiendo imparable, como un río desbordado que se lleva todo a su paso. Al cerrar la temporada, no solo había dejado su huella en las pistas, sino que había llegado a la élite del campeonato AAA, ocupando un meritorio cuarto puesto. Era solo cuestión de tiempo para que el mundo entero lo reconociera como uno de los más grandes (11).

Manuel Ayulo en 1953. Fuente: Fotografía del Daily News (Los Ángeles, 1953) via Wikimedia Commons. Dominio Público (EE.UU.)

El año 1954 fue un hito en la vida de Manny Ayulo, un año de transformación y consagración. Aunque en Indianápolis, su nombre solo resonó en el decimotercer puesto, la fortuna empezó a sonreírle con la promesa de un futuro glorioso. Su destreza, que parecía haber quedado oculta en el laberinto de las carreras pasadas, finalmente salió a la luz en todo su esplendor. Con una voluntad férrea y el rugido de su motor en el aire, Manny conquistó su primera victoria en Darlington, un triunfo que parecía sellar su destino. Pero no fue un espejismo: al siguiente fin de semana, se alzó nuevamente en Milwaukee, demostrando que su victoria no era casualidad, sino el resultado de una pasión y un talento indomables.

Con esas victorias, Manny alcanzó el subcampeonato nacional, un título que lo colocó a la sombra de otro gran piloto, Jimmy Bryan. La cima estaba a su alcance, y todas las esperanzas, todos los ojos, se posaron sobre él. Indianápolis, el templo de la velocidad, lo esperaba de nuevo con los brazos abiertos, como si los dioses ya hubieran decidido que era su momento de reinar (11).

El año 1955 se erguía ante Manny Ayulo como el umbral de la grandeza, el año en que su alma y su máquina convergerían para desafiar la historia. El destino, sin embargo, parecía jugar sus cartas con un misterio incierto, pues las semanas previas a la legendaria Indy 500 estuvieron marcadas por vientos traicioneros y lluvias que arremetieron con furia, creando una atmósfera de incertidumbre en los boxes. El rugir de los motores se mezclaba con la inquietud en el aire, y la pista, que en otras ocasiones fue testigo de épicas gestas, se mostraba impredecible.

El 15 de mayo, cuando Ayulo dio su primer intento de clasificación, la suerte no estuvo de su lado. Su propietario, Peter Schmidt, quien compartía la misma visión de grandeza, creyó que aún quedaba más por exprimir del motor. Con un gesto de confianza en su piloto, le ordenó detenerse. Un acto de fe en el talento y la capacidad de Ayulo, convencido de que lo mejor aún estaba por venir.

Al día siguiente, Manny, con la mirada fija en la gloria, volvió a la pista. El mundo esperaba, la multitud vibraba, y él, más decidido que nunca, estaba dispuesto a demostrar que la grandeza no se alcanza por casualidad. La máquina y el hombre, uno solo, se lanzaron una vez más al abismo de la velocidad, dispuestos a escribir juntos su propio camino en las páginas de la historia (5).

Sin embargo, el destino, con su caprichosa danza, tejía una senda distinta. En su último intento de clasificación, un tornillo del brazo de dirección se aflojó. Manny perdió el control. Su máquina de velocidad se transformó en una bestia desbocada, lanzándolo contra el muro de la primera curva. El impacto fue brutal. El coche derrapó más de 158 metros (5), una danza macabra antes de detenerse en el centro de la pista. Cuando los rescatistas llegaron hasta él, su cuerpo estaba desplomado, inconsciente. No llevaba puesto el cinturón de seguridad. En sus bolsillos encontraron llaves y herramientas (12); hasta el último momento, había sido más que un piloto: un mecánico, un artesano del asfalto.

Las heridas fueron devastadoras: fractura basal de cráneo, fracturas compuestas en la pierna y el brazo. Los médicos lucharon por salvarlo, pero la batalla estaba perdida. Su cuerpo sangraba por dentro, como si la misma velocidad que lo había elevado lo estuviera reclamando. El 17 de mayo, a las 12:55 p.m. (12), Manny Ayulo exhaló su último aliento.

Dijo alguna vez que, si algo salía mal con el auto, la responsabilidad sería solo suya. Hasta el final, mantuvo su palabra. Su espíritu quedó inmortalizado en el rugido de los motores y en el polvo de las pistas.

Bajo la sombra solemne de los cipreses, en el sagrado descanso del cementerio San Fernando Mission, en Mission Hills, California, su cuerpo encontró reposo, pero su espíritu jamás se apagó. Detrás dejó a su amada esposa Charlene y a su pequeña Frances, de apenas cuatro años, demasiado joven para comprender que su padre no había partido... sino que se había fundido con el rugido de los motores y el eco inmortal de la velocidad.

Porque el legado de Manuel «Manny» Ayulo no se mide en victorias ni en trofeos polvorientos, sino en la bravura de cada piloto que desafía el destino, en cada alma que abraza la pista con la misma pasión indomable. Él no fue solo un piloto; fue un guerrero del asfalto, un hijo del viento y la velocidad, un nombre destinado a permanecer en la historia, allí donde la valentía y la tragedia se entrelazan en un eterno circuito de gloria.

Alberto Ascari (13.07.1918 – 26.05.1955)

«Con la elegancia de un maestro y la furia de un titán, desafió los límites del tiempo y la gravedad, dejando en el asfalto un legado de perfección que aún resuena en el eco de los motores»

En la legendaria ciudad de Milán, cuna de sueños y hazañas, nació Alberto Ascari un 13 de julio de 1918. Su hado parecía escrito en las estrellas, pues la sangre de los campeones corría por sus venas. Su padre, el intrépido Antonio Ascari, ya había inscrito su nombre en la historia como campeón de Europa, domador de máquinas indómitas y forjador de epopeyas sobre el asfalto.

Mas la gloria suele ser amante cruel, y cuando Alberto apenas contaba siete años, el destino reclamó a su padre en el fragor de la batalla. Fue en el circuito de Montlhéry, durante el Gran Premio de Francia, donde Antonio, al mando de su Alfa Romeo, desafiaba los límites de la velocidad. En la vigésimo tercera vuelta, cuando la victoria parecía suya, la fatalidad se interpuso en su camino. A 180 kilómetros por hora (13), en una traicionera curva de izquierdas, el control le fue arrebatado, y su montura de acero se precipitó contra la frágil valla de madera que delimitaba el circuito. La violencia del impacto arrancó casi cien metros de la barrera antes de que el vehículo volcara y quedara atrapado en una acequia, como un guerrero caído en combate.

Antonio Ascari no vería el final de aquella jornada. Su espíritu se apagó en el camino hacia el hospital, dejando tras de sí un legado de audacia y velocidad. Con apenas treinta y siete años, el héroe partió, dejando una viuda y dos hijos, uno de ellos, Alberto, destinado a tomar la antorcha de su linaje y desafiar una vez más al destino en la arena de los circuitos.

El arte de la velocidad encontró en Alberto Ascari a uno de sus más nobles exponentes. Su maestría al volante y su carácter afectuoso lo elevaron a la categoría de ídolo en su Italia natal. Siempre presto a la sonrisa, de alma humilde y espíritu caballeroso, se convirtió en una de las figuras más queridas de la competición. No era un guerrero de fisonomía esculpida como los pilotos de eras venideras; su figura rechoncha contrastaba con los atléticos cuerpos de los corredores modernos, como un vestigio de tiempos más audaces y románticos, cuando la muerte se sentaba en el asiento del copiloto y la gloria pertenecía a los que osaban desafiarla.

Alberto nunca tuvo dudas sobre su designio. Desde su más temprana juventud, supo que había nacido para desafiar el asfalto y la velocidad, y ninguna voz, por más sensata o temerosa que fuese, logró disuadirlo. En aquella Italia de comienzos del siglo XX, los jóvenes con ansias de velocidad encontraban su primer campo de batalla en las motocicletas, y Ascari no fue la excepción. En 1936, con apenas dieciocho años, se lanzó a la arena del motor, domando bestias de dos ruedas con la destreza de un jinete legendario. Condujo para marcas míticas como Gilera y Bianchi, acumulando victorias y forjando su nombre entre los grandes.

En 1940, la vida le presentó a Alberto Ascari una oportunidad que marcaría el inicio de una de las alianzas más legendarias en la historia del automovilismo: conducir un Ferrari, el primer Ferrari, de las manos del mismo Enzo Ferrari. Este momento, casi profético, sellaba el inicio de una era.

Enzo Ferrari, tras años de forjar su nombre como mecánico, diseñador y piloto bajo la bandera de Alfa Romeo, había decidido finalmente crear su propia escudería. Como si el destino le hubiera preparado el camino, construyó dos coches para participar en la histórica Mille Miglia, una carrera mítica que recorría, en sus primeras ediciones, cerca de 1.500 kilómetros, un trazado que evocaba la grandeza de las antiguas rutas romanas.

Ferrari, hombre de mirada aguda y de relaciones profundas, había sido amigo y compañero de Antonio Ascari, y al conocer al hijo de su viejo amigo, vio en él algo más que una promesa: vio el alma de un piloto. Y así, decidió que sería Alberto, el hijo de su buen amigo Antonio, quien llevara el primer Ferrari de la historia a la batalla.

Cuando la sombra de la guerra se cernió sobre Europa, el rugido de los motores cedió su lugar al estruendo de las batallas. En aquellos tiempos aciagos, el garaje Ascari en Milán dejó de ser un templo de la velocidad para ponerse al servicio del ejército italiano. Fue en ese período de penurias y desafíos cuando Alberto, siempre un hombre de acción, emprendió un arriesgado negocio de transporte, llevando combustible a las tropas en el abrasador frente africano (14). No estaba solo en aquella empresa: a su lado, como un hermano mayor, se encontraba el legendario Luigi Villoresi, con quien forjó un vínculo tan profundo que muchos lo consideraban una relación de padre e hijo.

Al finalizar la guerra, el mundo intentaba reconstruirse entre las cenizas, y con él, Alberto también cambió. Ya no era solo un piloto con sueños de grandeza, sino un hombre de familia. Había encontrado en sus hijos, Patrizia y Antonio—llamado así en honor al abuelo cuya sombra aún se proyectaba sobre su destino—una nueva razón para aferrarse a la vida. La paternidad lo llevó a contemplar un retiro de las pistas, alejándose del riesgo y del vértigo que siempre habían definido su existencia.

Pero la llamada de la velocidad es un eco que nunca se apaga en el corazón de los elegidos. Villoresi, sabedor de la grandeza dormida en su amigo, lo persuadió para que volviera a los circuitos. Y así, en 1949, ambos se unieron a la legendaria escudería de Enzo Ferrari, justo cuando el automovilismo se preparaba para escribir un nuevo capítulo en su historia: la era de la Fórmula 1.

El destino de Alberto Ascari aún no estaba cumplido. La historia, como una diosa caprichosa, aún tenía reservado para él un lugar entre los inmortales.

El año 1950 marcó el alba de una nueva era: el nacimiento del Campeonato del Mundo de Fórmula 1. Enzo Ferrari, con su visión indomable, inscribió a su escudería en la contienda, y aunque muchas casas automovilísticas desaparecerían con el paso del tiempo, la suya, como un coloso imperecedero, sigue en pie hasta nuestros días.

En aquella gesta inicial, el talento de Ferrari y la destreza de Alberto Ascari eran incuestionables, pero se toparon con un rival formidable: Alfa Romeo. No era una escudería opulenta, no contaba con los recursos de las grandes fábricas, pero en su fragua de ingenio y audacia lograban lo impensable. Con piezas rescatadas de los vestigios de la Primera Guerra Mundial, forjaron máquinas prodigiosas, ágiles y temibles, que dominaron el campeonato con una mezcla de astucia y maestría mecánica.

Y así, aquel primer trono de la Fórmula 1 fue reclamado por tres caballeros al servicio de Alfa Romeo. Giuseppe Farina, con temple de acero, se coronó campeón, seguido de un joven argentino cuyo nombre pronto se volvería leyenda: Juan Manuel Fangio. Luigi Fagioli completó el podio, dejando claro el poderío de la casa milanesa.

Pero entre los titanes de Alfa, un piloto de Ferrari logró abrirse paso: Alberto Ascari, con el fuego de la gloria ardiendo en su pecho, se alzó hasta la quinta posición, como un aviso de que su tiempo aún estaba por llegar. La batalla por la supremacía del automovilismo apenas comenzaba, y en las páginas aún por escribir, el nombre de Ascari estaba destinado a brillar con luz propia.

El año siguiente trajo consigo el arma definitiva: el Ferrari 500. Aquel monoplaza de cuatro litros y medio, una bestia de velocidad y precisión, pasó a la historia como uno de los coches más dominantes que jamás hayan surcado los circuitos. Con su llegada, la supremacía de Alfa Romeo llegó a su fin. Todo parecía indicar que Ferrari reclamaría el trono sin oposición… salvo por una fuerza casi sobrenatural que se interpuso en su camino. Su nombre era Juan Manuel Fangio.

El argentino, con un coche inferior y un talento que desafiaba la lógica, libró una batalla titánica contra Ascari. Conquistó tres Grandes Premios y, al final, por un margen de apenas cuatro puntos, se alzó con la corona. Más tarde, Fangio, el maestro de la velocidad, reconocería a Ascari como su rival más formidable. Y el Chueco no era hombre de palabras vacías, pues su carrera estuvo repleta de adversarios legendarios.

En 1952, Alfa Romeo, incapaz de reunir los fondos necesarios para diseñar un coche acorde a las nuevas reglas de la Fórmula 1, abandonó la contienda. También Fangio estuvo ausente aquel año, despejando el camino para la inevitable consagración de Ferrari. Ascari, sin embargo, comenzó la temporada con dificultades: se perdió la primera carrera y se retiró en la segunda. Pero cuando el destino lo llamó, respondió con grandeza. Desde ese momento, se convirtió en un monarca absoluto de las pistas, ganando todas y cada una de las seis carreras restantes y proclamándose campeón mundial de Fórmula 1.

Gran Premio de los Países Bajos en el circuito de Zandvoort en 1952. El ganador Alberto Ascari con el príncipe Bernardo. Fuente: Fotocollectie Anefo, Nationaal Archief. CC0 1.0 Dominio Público.

Tampoco encontró oposición en 1953. Como un emperador que reina sobre un mundo sin contendientes, Ascari conquistó cinco de los ocho Grandes Premios en los que compitió, asegurando así su segundo campeonato mundial consecutivo. Pero la fortuna, caprichosa e impredecible, le tenía preparada una nueva senda.

Al término de aquella temporada gloriosa, rompió lazos con Ferrari y firmó con Lancia para la campaña de 1954. Aquel movimiento marcaría el fin de sus días dorados. Lancia, atrapada entre sueños y dificultades, no logró entregar un coche listo para la batalla, condenando a su flamante fichaje a la inactividad (13). Y cuando al fin pudo volver a la pista en 1955, el azar parecía haberle vuelto la espalda.

El destino, siempre enigmático, llevó a Alberto Ascari a cerrar un círculo en el mismo lugar donde había comenzado su leyenda: el trazado de Mónaco. Allí, donde había debutado en la Fórmula 1 cinco años atrás, disputó su última carrera. Ascari era un hombre de costumbres y supersticiones, y jamás corría sin su viejo casco azul, talismán inseparable en su lucha contra la velocidad y el azar. Pero aquel día, la fortuna le jugó una de sus extrañas partidas: una de las cintas de sujeción se rompió, obligándolo a mandarlo reparar. Sin más opción, tomó un casco prestado.

La carrera avanzaba, y en el último tramo, en la zona del puerto, la fatalidad lo aguardaba. Ascari perdió el control de su Lancia a la altura de lo que hoy es la chicane tras el túnel. Frente a él, apenas unas balas de paja separaban la pista del Mediterráneo. Era una barrera insignificante contra la furia de un monoplaza desbocado. En un instante que pareció eterno, el coche atravesó la precaria defensa y se precipitó al mar, hundiéndose en las profundidades con su aturdido conductor atrapado en el interior.

El silencio se apoderó de Montecarlo. La imagen de un bólido cayendo al abismo del puerto era algo que los presentes jamás olvidarían. Pero la muerte, que tantas veces había rondado a los pilotos de su era, aquella vez decidió concederle una tregua. Desde el fondo del agua, Ascari emergió. Magullado, con la nariz rota y el cuerpo tembloroso (13), fue rescatado por una lancha que acudió en su auxilio. Para los espectadores, era un milagro. Para él, una advertencia.

Cuatro días después de su milagrosa salvación en Mónaco, Alberto Ascari reapareció inesperadamente en Monza. No estaba allí para competir, sino para presenciar una sesión de práctica de su amigo y pupilo, Eugenio Castellotti – y que perecería dos años después en el Aero-Autódromo de Módena -, quien probaba un Ferrari de resistencia que ambos compartirían en una próxima carrera (14). Pero el espíritu de un piloto jamás descansa, y la duda, aquel susurro inquietante que acecha a los grandes campeones, le carcomía el alma: ¿seguía intacto su instinto? ¿Seguía siendo el mismo después de mirar a la muerte a los ojos?

Para responder a esas preguntas, pidió unas vueltas al volante. No llevaba su casco azul de la suerte, el mismo que jamás abandonaba en la pista. Lo había dejado en casa, tal vez en un descuido del destino, tal vez como un desafío a sus propias supersticiones. En su lugar, tomó prestado el casco blanco de Castellotti. Vestía una chaqueta y una corbata, como si aquel fuera un simple trámite, un breve encuentro con la velocidad antes de volver a su vida cotidiana. Pero los dioses no le concederían ese regreso.

En la tercera vuelta, sin explicación aparente, el Ferrari perdió el control. En una curva de izquierdas, de alta velocidad, pero de fácil trazado, la tragedia consumó su obra. En un abrir y cerrar de ojos, la vida de Alberto Ascari se apagó en el mismo asfalto que tantas veces había conquistado. Era el 26 de mayo de 1955. Tenía 36 años.

Alberto Ascari en el Gran Premio de Zandvoort de 1953. Fuente: Fotocollectie Anefo, Nationaal Archief. CC0 1.0 Dominio Público.

La curva en donde se produjo el desafortunado accidente ahora le hace honor bajo la denominación de Variante Ascari ya que en ese punto ahora se encuentra una *chicane* izquierda-derecha-izquierda.

El eco del destino resonó con una coincidencia escalofriante. Treinta años antes, su padre, Antonio Ascari, había muerto en circunstancias inquietantemente similares: a los 36 años, un 26 de mes, cuatro días después de un accidente del que había salido con vida. Ambos, padre e hijo, habían ganado 13 Grandes Premios. Ambos encontraron su final en una curva de izquierdas de alta velocidad, en un accidente sin una causa clara. Ambos dejaron una viuda y dos hijos, condenando a su familia a una repetición trágica de la historia.

El apellido Ascari, escrito con velocidad y sangre en las páginas del automovilismo, se convirtió en leyenda. Quizás no fue solo el destino, sino la mano invisible de los dioses de la velocidad, reclamando para sí a uno de sus más grandes campeones.

Hoy, su legado sigue rugiendo en los circuitos, en cada curva que desafía a los valientes, en cada motor que ruge con la furia de los que nunca se detienen. Porque algunos hombres no mueren; simplemente, se convierten en leyenda.

Bill Vukovich (13.12.1918 – 30.05.1955)

«La estrecha frontera entre el riesgo y la gloria forja a las leyendas, donde el tiempo se mide en fugaces segundos y la muerte, en cambio, se convierte en eternidad»

En las tierras de California, en la ciudad de Oakland, nació un hombre destinado a la gloria. Bill Vukovich, el tercero de ocho hijos de los inmigrantes yugoslavos John y Mildred Vukovich, llegó al mundo un 13 de diciembre de 1918. Su infancia estuvo marcada por la lucha y la adversidad; su padre soñaba con poseer tierras, pero la despiadada Gran Depresión destrozó sus aspiraciones. Cuando Bill tenía apenas catorce años, la muerte de su padre lo obligó a abandonar la escuela y, junto a su hermano Eli, tomar la responsabilidad de sostener a su familia.

Los campos de Sanger fueron su primer escenario de batalla. Bajo el sol implacable del Valle de San Joaquín, trabajó sin descanso para llevar el sustento a su madre y hermanas. Pero la vida dura no doblegó su espíritu; al contrario, lo forjó en el temple del esfuerzo y la resistencia. Su madre falleció en 1939, pero Bill no permitió que el peso de la tragedia lo desviara de su destino.

Las carreras de automóviles llamaron a los Vukovich, y su hermano Mike fue el primero en responder. Pero fue Billy quien dejó su huella imborrable. Desde su juventud, demostró un talento natural al volante y pronto se convirtió en el rey de las carreras de *midgets*, un espectáculo que en los años 40 atraía multitudes enfervorizadas. En 1945, con la guerra terminada, 18.000 almas se congregaron en el circuito del

Aeropuerto de Fresno para ver a su héroe local. Y Billy no decepcionó. Ganó la carrera principal y se convirtió en el orgullo de su ciudad natal.

Cuando los tiempos dorados de los *midgets* comenzaron a desvanecerse con la llegada de la televisión, Vukovich sintió el llamado de un desafío mayor. Finalmente, en 1951, puso sus ojos en la legendaria pista del Indianápolis Motor Speedway. Su primera incursión en las 500 Millas de Indianápolis fue un ensayo de lo que vendría: su auto se detuvo tras 29 vueltas, pero su desempeño fue tan impresionante que el equipo Keck, liderado por Jim Travers y Frank Coon, lo acogió bajo su estandarte (15).

El piloto de carreras estadounidense Bill Vukovich en su auto midget número 45. Fuente: Fotografía del Daily News (Los Ángeles, 1951) via Wikimedia Commons, Dominio Público (EE.UU.)

En 1952, la gloria estuvo a su alcance. Lideraba la carrera, pero el destino le jugó una carta cruel: un pequeño pasador de tiempo se rompió y su vehículo chocó contra el muro a solo ocho vueltas de la victoria. Sin embargo, su leyenda apenas comenzaba. Al año siguiente, en 1953, Bill Vukovich entregó una actuación que quedó grabada en los anales del automovilismo. Bajo un calor sofocante, con temperaturas de 54 grados en la pista y la fatiga acechando a cada piloto, Vukovich lideró 195 de las 200 vueltas (15), resistiendo un desgaste extremo que cobró la vida del piloto Carl Scarborough y de un espectador. Su resistencia, templada por años de trabajo en el campo, le permitió soportar lo insoportable y alzarse con la victoria. Los medios lo empezaron a llamar el «Loco Ruso», algo que él detestaba.

En 1954, el destino parecía haberse confabulado contra él. Su montura, el veterano «Fuel Injection Special», mostraba las cicatrices del tiempo y de las innumerables batallas libradas en el óvalo sagrado de Indianápolis. Cada jornada en los entrenamientos se convertía en una lucha contra los problemas mecánicos, cada ajuste era un intento desesperado por mantener con vida la máquina que debía llevarlo de nuevo a la gloria.

Pero Bill Vukovich no era un hombre que se doblegara ante la adversidad. Su determinación era de acero, su voluntad indestructible. A pesar de las dificultades, logró meterse en la parrilla, partiendo desde la decimonovena posición, una ubicación que para muchos significaría resignación, pero que para él representaba solo otro desafío a vencer.

Cuando el rugido de los motores estalló en el aire, Vukovich inició su obra maestra. Como un depredador en la caza, avanzó implacablemente, devorando rivales, conquistando cada posición con una precisión quirúrgica. Tomó la punta y jamás la soltó. Condujo como un monarca en su reino, imponiendo su ritmo, doblegando a la competencia con una exhibición de absoluta superioridad.

Cruzó la meta con una vuelta de ventaja sobre su más cercano perseguidor, un margen de victoria que no dejaba dudas: había dominado Indianápolis como pocos lo habían hecho antes. En ese instante, su nombre quedó esculpido en la historia con letras doradas. Bill Vukovich, bicampeón de las 500 Millas de Indianápolis. Un hombre que no solo corría para ganar, sino para demostrar que la grandeza es el fruto de la perseverancia, el talento y un espíritu que jamás se rinde.

Pero la grandeza de Bill Vukovich no tenía límites. Su próximo objetivo era un hito que nadie había alcanzado antes ni después: ganar tres veces consecutivas las 500 Millas de Indianápolis. La temporada de 1955 parecía prometedora, pero circunstancias inesperadas lo obligaron a cambiar de equipo. Firmó con el millonario Lindsay Hopkins bajo la condición de que Travers y Coon lo acompañaran. Todo estaba listo para la conquista final.

En la mañana de aquel fatídico día, cuando el destino ya había trazado su último recorrido en el óvalo sagrado de Indianápolis, Bill Vukovich rompió con la tradición, como si en el fondo de su alma supiera que esta no sería una jornada cualquiera. Su rutina, siempre meticulosa y precisa, cedió paso a gestos inusuales, momentos cargados de una emoción desconocida en él.

Hizo cosas que nunca antes había hecho en un día de carrera. Abrazó a viejos amigos con una intensidad inusitada, como si intentara capturar cada segundo, inmortalizar cada despedida. Sus palabras, siempre sobrias y directas, adquirieron un matiz sentimental, casi melancólico. Se permitió sonreír más de lo habitual, mirar el cielo con una pausa que no era propia de un hombre que solo vivía para la velocidad.

Era un día extraño. Exagerado. Peculiar y conmovedor. Algo flotaba en el aire, una sensación indefinible, un presentimiento que nadie quiso reconocer, pero que, en retrospectiva, resultaría imposible de ignorar. La tragedia ya había tomado su decisión.

La mañana del 30 de mayo de 1955, Bill Vukovich desafió su propia naturaleza. Un hombre de costumbres firmes, metódico y sin concesiones a lo sentimental, de pronto se convirtió en alguien distinto, como si una sombra invisible le susurrara al oído.

Antes de partir hacia el circuito, besó a su esposa Esther no una, sino dos veces, un gesto inédito en su ritual de carreras. Luego, con una calma desconcertante, vació su billetera, dejando un único dólar para el desayuno y entregándole el resto del dinero a su esposa con una frase que heló el aire: «No lo voy a necesitar».

Por primera vez, aquel hombre que creía en la habilidad y el coraje sobre todas las cosas habló de la suerte como un factor clave, como si en lo más profundo de su ser sintiera que aquel día, más que nunca, la fortuna dictaría su vocación. Mientras se dirigía al Indianápolis Motor Speedway, pasó frente a la funeraria Conkle, sin imaginar que, en cuestión de horas, en un giro cruel del destino, sería llevado allí para su último viaje (16).

Bill Vukovich afrontó la carrera con la determinación de un titán del asfalto. Sabía que la historia lo observaba, que la gloria de un tercer triunfo consecutivo en Indianápolis estaba al alcance de sus manos. Avanzó con fiereza, domando el óvalo con la precisión de un maestro, cada vuelta un golpe más en la fragua de la inmortalidad.

Pero en la vuelta 57, el fatum desenvainó su filo más cruel. Tres autos más lentos colapsaron frente a él en un caos de metal y desesperación. Vukovich, sin escape posible, vio el desastre desplegarse en fracciones de segundo. Su bólido golpeó uno de los autos accidentados y salió despedido por encima del muro, surcando el aire como un cometa desbocado.

El impacto fue brutal. El coche giró, se estrelló contra un grupo de automóviles estacionados y se envolvió en llamas, devorado por una tormenta de fuego y acero retorcido. Ed Elisian, testigo del horror, detuvo su carrera y corrió a socorrerlo, pero el destino ya había sentenciado su veredicto. Bill Vukovich había partido de este mundo en el fragor de la batalla, su vida apagada en un instante por una fractura de cráneo. No murió en una curva cualquiera, ni en una pista olvidada, sino en el coliseo donde los dioses de la velocidad forjan su leyenda.

Los titulares estremecieron al mundo del automovilismo: «Vuky muere en un choque múltiple» y «Vuky muere calcinado en accidente de cinco autos». Su luz se apagó, pero su legado ardía con más fuerza que nunca. Dejó a su esposa, a sus hijos Marlene y Bill Jr., y un linaje de corredores marcados por su nombre. Su nieto, Bill III, también sintió el llamado de la velocidad, pero encontró un destino similar en la pista a los 27 años (16).

Hoy, Bill Vukovich descansa en el Belmont Memorial Park de Fresno, California. Pero su esencia, su fuego indomable, sigue ardiendo más allá de la tumba. La Cámara Juvenil de Comercio de Fresno perpetuó su legado con el Fondo de Becas Conmemorativo Billy Vukovich (17), un tributo destinado a aquellos jóvenes que sueñan con desentrañar los secretos de la mecánica automotriz.

Sin embargo, la verdadera inmortalidad de Vukovich no se mide en becas ni en mármoles funerarios. Se encuentra en el estruendo de los motores que rugen en Indianápolis, en el vértigo de cada curva tomada con audacia, en la mirada decidida de cada piloto que desafía los límites en busca de la gloria.

Han pasado más de siete décadas desde su última batalla en el óvalo sagrado, pero su espíritu sigue presente, inquebrantable. Bill Vukovich no fue solo un corredor. Fue un guerrero del asfalto, un maestro de la velocidad, un héroe que despreció el miedo y abrazó la eternidad en la búsqueda de la perfección.

Eugenio Castellotti (10.10.1930 – 14.03.1957)

«El verdadero coraje no reside en alcanzar la cima, sino en desafiar al abismo sabiendo que el destino siempre es incierto»

En una tierra de historia y linaje, donde los destinos se forjaban entre la opulencia y el sacrificio, nació Eugenio. Vio la luz por primera vez el 10 de octubre de 1930, en la ciudad de Lodi, entonces parte de la noble provincia de Milán, en el corazón del norte de Italia. Su madre, Angela Virginia Clerici, apenas una muchacha de dieciséis años, lo trajo al mundo mientras servía como ama de llaves en la ilustre casa de los Castellotti. Fue ella quien le dio su primer nombre, pero el designio aún no le había concedido el apellido con el que la historia lo recordaría.

No fue hasta 1939 cuando Eugenio dejó de ser solo Clerici y se convirtió en Castellotti. Su padre, Francesco, un hombre de riqueza y abolengo, forjado en el rigor de la ley como notario y dueño de vastas tierras, había mantenido en la sombra el amor prohibido que lo unió a Angela. Nacido en 1871, Francesco había vivido casi seis décadas antes de reconocer al hijo que la vida le había otorgado. Pero cuando finalmente lo hizo, su decisión cambió para siempre el porvenir del joven Eugenio: lo aceptó como suyo y tomó a Angela como esposa.

En su juventud, Francesco había sido ciclista, y quizás por ello entendía el fulgor y la fiebre de la velocidad. Pero temía por su hijo y le impuso una prohibición inmutable: jamás debía competir en carreras de motocicletas. Sin embargo, el destino es caprichoso y a menudo se ríe de las prohibiciones. En 1949, a la edad de setenta y ocho años, Francesco Castellotti exhaló su último aliento, dejando tras de sí una fortuna incalculable. Y con ella, Eugenio heredó algo más que riquezas: heredó la libertad.

Así, con el viento del linaje y la audacia como única brújula, el joven Castellotti se lanzó sin ataduras hacia la pasión que ardía en su pecho. Con su herencia, financió su propio destino y adquirió un corcel digno de su ambición: un Ferrari Barchetta Touring, de un verde y negro tan imponente como la sombra de su apellido. La historia había dado su veredicto: Eugenio no estaba destinado a la tranquilidad, sino a la velocidad, a la gloria, y quizás, a la eternidad.

Joven y de imponente presencia, Eugenio Castellotti se erguía como un ser enigmático y arrebatador, cuya mirada azul, profunda como el océano, y su cabello castaño, oscuro como los secretos de la noche, atraían la atención de todos sin que él lo deseara. De estatura baja, de complexión firme y mesurada, su cuerpo parecía encerrar la potencia de un relámpago, dispuesto a estallar en cualquier momento. Su naturaleza, más bien introvertida, vivía en armonía con una intuición feroz que le dictaba el camino en cada carrera, como si las mismas pistas le susurraran las rutas hacia la victoria.

En 1951, Eugenio dio su primer paso en el escenario de la velocidad, tomando el volante de un Ferrari para enfrentarse a las difíciles carreteras de Italia. En la ardua y desafiante Giro di Sicilia, recorriendo los tortuosos 1.080 kilómetros de la costa siciliana, no pudo completar la prueba, pero su espíritu indomable no se quebró. Poco después, en la legendaria Mille Miglia, demostró su temple al terminar en el sexto puesto en su categoría, con su amigo y exjugador del Inter, Pino Rota, como copiloto. También brilló en la Coppa della Toscana, donde alcanzó el tercer puesto, dejando claro que su nombre resonaría en los anales del automovilismo.

Eugenio Castellotti con su flamante Ferrari 166 MM Touring Barchetta, posiblemente en el circuito de Boavista (1951, Portugal). Fuente: Wikimedia Commons. Dominio Público.

El año 1952 le ofreció la oportunidad de unirse a la ilustre *Scuderia Guastalla*, fundada por Franco Cornacchia. Allí, bajo la estampa de un Ferrari 225S, Castellotti no solo cosechó victorias, sino que se consolidó como un verdadero titán de las rutas italianas. Con una grandiosa victoria en la Coppa d'Oro di Sicilia, su nombre se disparó al firmamento de la velocidad. Pero no solo Italia lo conoció: su fama cruzó las fronteras, llegando a tierras portuguesas, donde conquistó el Circuito de Oporto y la victoria en Senigallia. En el Gran Premio de Mónaco, una carrera que aún no formaba parte del campeonato de autos deportivos, Castellotti deslumbró al mundo al obtener un segundo puesto detrás de Vittorio Marzotto, en un gesto que se convertiría en leyenda. Se cuenta que, con una serenidad que solo los elegidos poseen, Eugenio cedió la victoria de manera simbólica, deteniéndose en boxes para tomar una botella de Coca-Cola, como si la sed fuera su única rival en ese día glorioso.

Así, paso a paso, victoria tras victoria, Castellotti no solo dejó su huella en el asfalto, sino que también escribió su nombre en las estrellas del automovilismo. Un hombre de pocos gestos, pero de infinitas conquistas, cuya pasión no conocía límites y cuyo destino, marcado por la velocidad, parecía tan inevitable como la misma carrera contra el tiempo.

El año 1953 marcó un hito en la carrera de Eugenio Castellotti, un hombre cuyo nombre empezaba a ser susurrado entre los más grandes del automovilismo. Al volante de un Ferrari 250MM, conquistó el Trofeo Sardo, en la desafiante ruta Cagliari-Sassari, acompañado por el intrépido Mario Dessi. Pero su dominio no se detuvo ahí, ya que, junto a Giulio Musitelli, conquistó las míticas 10 Horas de Mesina, en la isla de Sicilia, y al mismo tiempo, alzó su primer trofeo en la categoría Sport del Campeonato Italiano de Montaña. En los terrenos agrestes de Varese-Campo dei Fiori, Bolzano-Mendola y Catania-Etna, donde las montañas se elevaban como gigantes desafiantes, Castellotti firmó victorias absolutas que lo consolidaron como una leyenda en ascenso

(17). Fue en esta última etapa, en la majestuosa cumbre del Etna, donde, ya como piloto oficial de Lancia, su talento deslumbró al mundo.

El destino, en su inmutable deseo de poner a prueba los espíritus más indomables, llamó a Castellotti a una nueva cruzada. En noviembre de ese mismo año, la *Scuderia Lancia Corse* lo convocó para una de las competiciones más temibles y míticas del mundo: la Carrera Panamericana. Esa feroz batalla de velocidad y resistencia, celebrada en tierras mexicanas, se erigió como la última ronda del Campeonato Mundial de Autos Deportivos de 1953. Lancia, con su imponente alineación, inscribió cinco vehículos: dos D23 de 3 litros para Castellotti y Giovanni Bracco, y tres D24 de 3.3 litros para el legendario Juan Manuel Fangio, quien sería el vencedor de la carrera, el audaz Piero Taruffi, quien terminó segundo, y el valiente Felice Bonetto (17), cuya vida se extinguió trágicamente en la cuarta etapa cerca de Silao. Bonetto, cuya última victoria en la mítica subida Bologna-Passo della Raticosa había sido un canto a la destreza y la audacia, dejó tras de sí un vacío imposible de llenar. Su ausencia pesaba en el asfalto como una sombra silenciosa, un eco de gloria truncada. Mientras tanto, Eugenio Castellotti, con su temple de guerrero y su mirada fija en el horizonte del destino, avanzaba con resolución. En esa misma prueba, tomó la segunda posición momentáneamente, como si el espíritu de Bonetto lo impulsara a seguir adelante, abrazando el desafío con la fiereza de quien comprende que la grandeza y la tragedia son a menudo inseparables.

Junto a su inseparable copiloto Carlo Luoni, Eugenio Castellotti desafió la legendaria Carrera Panamericana con la destreza de un guerrero y la precisión de un maestro del volante. Enfrentando caminos traicioneros, velocidades demenciales y el implacable destino, logró un heroico tercer puesto, un resultado que no solo cimentó su reputación, sino que también le abrió las puertas del Olimpo del automovilismo.

Aquella hazaña le valió un asiento en la escudería oficial de Lancia para la siguiente temporada, donde compartiría filas con el titán Alberto Ascari. Entre ambos nació algo más que una simple camaradería: forjaron un vínculo fraternal, una hermandad sellada por la velocidad y la búsqueda incesante de la gloria. Ascari, con su temple sereno y su sabiduría adquirida en mil batallas, se convirtió en un guía, casi un padre para Eugenio, mientras juntos trazaban el camino hacia la eternidad.

Cuando el imponente Lancia D50 estuvo finalmente listo a finales de 1954, Eugenio Castellotti, con su alma indomable y su pasión por la velocidad, dio un paso decisivo en su ascendente carrera al debutar en la majestuosa Fórmula 1. El Gran Premio de Argentina de 1955, celebrado en el abrasador calor de Buenos Aires, fue el escenario de su primera aparición en la élite del automovilismo. Sin embargo, el verdadero hito llegaría poco después.

El 22 de mayo de 1955, en el legendario Gran Premio de Mónaco, el camino de Eugenio Castellotti y de la Fórmula 1 se entrelazaron de manera implacable. Bajo el sol resplandeciente de Montecarlo, donde el azul del Mediterráneo susurraba historias de gloria y tragedia, los motores rugían en la angosta y traicionera pista. Pero aquel día, más que la velocidad, fue el destino quien tomó el control del volante.

El evento quedó marcado por un instante que congeló el aliento de todos los presentes: Alberto Ascari, el maestro, el guía, el hermano de Castellotti en las filas de Lancia, sufrió un accidente aterrador. Su coche, en un giro fatídico, atravesó las barreras de protección y se precipitó al mar. El agua envolvió el monoplaza como si intentara arrebatarlo para siempre, mientras el silencio sepulcral se apoderaba del circuito. Por unos instantes, el tiempo pareció detenerse. Pero Ascari emergió del agua, maltrecho pero vivo, como un héroe que había desafiado a la muerte. Nadie imaginaba que, apenas cuatro días después, su historia encontraría un epílogo trágico. Y que Eugenio Castellotti, testigo de aquella jornada, estaría destinado a recoger su antorcha y seguir el camino de los inmortales.

En medio de esa tragedia y la tensión que se apoderó del aire, Eugenio Castellotti, con la calma de un auténtico guerrero, comenzó a saborear el dulce néctar de la grandeza. Subió al segundo escalón (18) del podio, un puesto que resplandecía con el reflejo de su talento. Mientras las notas del himno argentino resonaban en el aire, bajo la sombra de la imponente figura de Juan Manuel Fangio, Eugenio se erguía como un joven titán, un rival digno en una batalla de leyendas. El destino le había concedido su momento, y en aquel podio, rodeado de historia y gloria, Castellotti demostró que su nombre era ya parte de la élite de la velocidad.

Dos semanas después, en el Gran Premio de Bélgica, Castellotti, con una destreza sublime y la temeridad propia de los héroes, logró su primera pole position. Con tan solo 24 años y 7 meses, rompió el récord al convertirse en el piloto más joven de la historia en alcanzar esta gesta, un título que permanecería intacto durante 13 años, hasta que Jacky Ickx lo desbancara en 1968.

Pero los vientos del destino, siempre indómitos y caprichosos, trajeron consigo una tragedia que quedaría grabada en la memoria colectiva de la humanidad. En las 24 Horas de Le Mans de 1955, el glorioso anfiteatro de la velocidad se tornó en un teatro de horror. Fue allí, en ese templo de la adrenalina y la emoción, donde la tragedia cobró vida. La fatídica colisión, que segó la vida del piloto Pierre Levegh y causó la muerte de 83 espectadores y 120 heridos, dejó una huella imborrable en el corazón de todos los presentes. La catástrofe no solo arrasó con vidas, sino también con sueños, marcando el fin de una era dorada para Lancia, que, tras el abismo de ese doloroso suceso, cerró su departamento de competición y entregó su equipo de Fórmula 1 al glorioso Ferrari.

Como un caballero fiel a la velocidad, Eugenio Castellotti, con su espíritu intacto y su pasión imperturbable, se unió entonces a la escudería del *Cavallino Rampante*. En 1955, bajo la bandera roja de Ferrari, alcanzó la gloria que su corazón ardiente siempre había anhelado. No solo terminó tercero en el campeonato de la Fórmula 1, sino que fue coronado como el «Campeón Italiano Absoluto» (17), una distinción que reflejaba no solo su supremacía en las rutas, sino también la fuerza inconmensurable de su alma indomable, que seguía adelante pese a las sombras que acechaban el camino.

El año siguiente, 1956, se alzó como una temporada de gladiadores, un año en el que Eugenio Castellotti no solo desafió a la velocidad, sino que se erigió como un gigante entre los mortales. Con un Ferrari 290MM, se enfrentó a la furia de la lluvia en la Mille Miglia, esa mítica prueba que retaba a los hombres y sus máquinas como ninguna otra. Bajo un cielo tormentoso y un asfalto resbaladizo, Eugenio desbordó la furia de los elementos con una serenidad sobrehumana, como si las aguas y los vientos fueran simples rivales a los que debía dominar. Salió victorioso, como un guerrero que, tras haber cruzado el abismo, se alza en la cima con el trofeo de su invencible voluntad.

Pero su destreza no conoció límites, ni la tormenta, ni el tiempo, ni la distancia podían frenar su imparable ascenso. Junto a su camarada de armas, el legendario Juan Manuel Fangio, conquistó las 12 Horas de Sebring, una victoria que quedó grabada en las memorias de la historia del automovilismo. Aquella hazaña, compartida con el hombre que muchos consideraban el más grande de todos, fue una muestra más de que Eugenio estaba destinado a ser parte de los más grandes, al lado de los héroes.

En el Gran Premio de Rouen-Les-Essarts y en los mil kilómetros de Nürburgring, Castellotti demostró una vez más su grandeza. Cada curva tomada, cada aceleración, cada maniobra, dejaba una estela de gloria tras de sí. En esas legendarias pistas, donde el tiempo parece detenerse y los ecos de las leyendas resuenan en cada rincón, Eugenio brilló con luz propia, y su legado, indiscutido, se grabó con fuego en los corazones de aquellos que vivieron para admirarlo. Su nombre ya no era solo una promesa: era una realidad, un testamento de grandeza que permanecía eterno.

En 1957, el destino de Eugenio Castellotti continuó siendo tan impredecible y fugaz como las rutas serpenteantes que desafiaba con su feroz pasión. En el Gran Premio de Argentina, su Ferrari 801, como una fiera enjaulada, fue el más rápido en clasificación, un presagio de lo que podría haber sido una victoria épica, una victoria que el viento mismo parecía haberle prometido. Sin embargo, los imponentes Maserati 250F, como monstruos de hierro y velocidad, se erigieron ante él como rivales formidables, desafiando su supremacía. La máquina de Castellotti, aunque llena de alma y ambición, no pudo competir con la pura potencia de los bólidos rivales, y la victoria se desvaneció como un sueño arrebatado por el destino.

Pero el espíritu indomable de Eugenio no se doblegó ante este obstáculo. En lugar de rendirse, se levantó con la fuerza de un coloso, dispuesto a desafiar lo imposible. Con valentía inmensurable, participó en los mil kilómetros de Buenos Aires (17).

Eugenio Castellotti, siempre dispuesto a desafiar los confines de lo conocido, también se aventuró al Gran Premio de Cuba[3], una carrera que se celebró el 25 de febrero de 1957 (19), aún fuera del ámbito exclusivo de la Fórmula 1 y disputada con vehículos deportivos. En esa

---

[3] Un circuito montado en el malecón de la Habana y que, en la víspera de la edición de 1958, Fangio sufrió un secuestro a manos del movimiento guerrillero "26 de Julio" en el hall del Hotel Lincoln (38).

tierra llena de historia y pasión, las carreras no solo eran una lucha de velocidad, sino también una batalla de voluntades.

En aquella carrera, el español Alfonso de Portago, con su ímpetu y destreza, partió en cabeza, liderando las primeras etapas con un aplomo impresionante. Sin embargo, como un valiente dispuesto a arrebatarle el trono a su rival, Juan Manuel Fangio, con la garra de un campeón y la serenidad de un maestro, no dio tregua. En un final de infarto, como si el mismo tiempo se hubiera detenido para presenciar el desenlace, Fangio arrebató la victoria a Portago en el último suspiro de la carrera, dejando a todos los presentes con el aliento suspendido en el aire. En el segundo lugar, con la tenacidad que lo caracterizó, terminó el estadounidense Carrol Shelby, quien, más tarde, sería reconocido por su arte tanto en el volante como en el diseño de automóviles, llevando a la gloria a Ken Miles en las legendarias 24 Horas de Le Mans de 1966. En aquel día de 1957, el Gran Premio de Cuba no solo fue una carrera, sino un capítulo inolvidable en la historia del automovilismo, lleno de hazañas, desafíos y leyendas que se entrelazaron en el mismo camino.

Días después de la intensa batalla en Cuba, Eugenio Castellotti, sabedor de que el cuerpo y el alma requieren momentos de reposo, se retiró a los tranquilos valles de la Toscana italiana, un refugio perfecto para recuperar fuerzas. En aquellos paisajes serenos, rodeado por la belleza natural que solo Italia puede ofrecer, compartía su tiempo con la actriz y bailarina Delia Scala, su amada, quien se preparaba para un espectáculo que estaba ensayando en Florencia. Juntos, entre risas y complicidad, se sumergían en la calma de la vida, ajenos por un momento al rugir de los motores y al imparable curso de su destino.

Sin embargo, el llamado del deber nunca se apaga. En medio de esa placidez, el sonido del teléfono interrumpió el instante, como un relámpago en el horizonte. Era Enzo Ferrari, quien, con su voz firme y decidida, le pidió a Eugenio que se presentara en el Aero-Autódromo de Módena para realizar pruebas en un coche de Fórmula 1. No era un simple encargo; era una convocatoria que solo los más grandes recibían. Ante tal solicitud, Castellotti, como el caballero imparable que siempre fue, no dudó ni un instante. Abandonó, con la misma determinación que lo había llevado a la gloria, el cálido abrazo de la Toscana y a su amada Delia. Con la urgencia que solo el destino puede conferir, emprendió su viaje hacia Módena, donde lamentablemente la muerte le esperaba.

Poco después, se reveló la razón por la que Enzo Ferrari había convocado a Eugenio Castellotti con tal urgencia. Jean Behra, el intrépido piloto de Maserati, había establecido un nuevo récord, un desafío que resonaba en los oídos de «Il Commendatore», quien, con su visión incansable, buscaba constantemente superar los límites del automovilismo.

El 14 de marzo de 1957, en el sagrado circuito de Módena, Eugenio, con su corazón de león y su alma entregada al arte de la velocidad, se encontraba al volante del Ferrari que tanto deseaba perfeccionar su patrón Enzo. En ese escenario, donde el rugir de los motores y el ardor de la competición se unían en una danza interminable, Castellotti, visiblemente cansado, se entregó a la pista con la misma pasión con la que había conquistado cada curva en su vida. En su tercer giro rápido, con la furia de un coloso, la tragedia lo alcanzó. Por un instante, la máquina que dominaba el asfalto se descontroló, y Eugenio perdió el dominio de su destino. El impacto fue fatal.

La noticia de su caída como un héroe caído sobre el asfalto sacudió el mundo. La tragedia se apoderó del automovilismo, y el nombre de Castellotti, que resonaba en las carreteras como un sinónimo de grandeza, quedó marcado en la memoria de todos. Aquel jueves de marzo de 1957, el viento dejó de cantar su nombre, pero su espíritu, indomable como la velocidad misma, perduró en cada rincón del automovilismo, como una leyenda inmortal.

Eugenio Castellotti tenía 26 años. Su amigo Cesare Perdisa se retiró del automovilismo tras su muerte. En su honor, en Lodi se creó la *Scuderia Castellotti*, que participó en la Fórmula 1 en 1960.

Eugenio Castellotti, el héroe de las rutas y los circuitos, encontró su descanso eterno en el mausoleo familiar, en el solemne Cementerio Maggiore de Lodi, Italia. Allí, en la tierra que lo vio nacer y que siempre fue testigo de su incansable espíritu de conquista, su alma descansa en paz. Su legado, marcado en cada curva, en cada aceleración, sigue vivo en la memoria de los que lo conocieron y en el alma de aquellos que aún recorren los caminos que él una vez dominó. En el silencio del cementerio, donde las sombras y la historia se entrelazan, Eugenio vive, inmortal en la leyenda, un símbolo de grandeza que nunca se apaga.

Alfonso de Portago (11.10.1928 – 12.05.1957)

«La libertad, Sancho, es uno de los más preciosos dones que a los hombres dieron los cielos»

En la víspera del día glorioso de su patria, España, cuando el alba apenas anunciaba su llegada sobre los cielos de Londres, nació Alfonso Antonio Vicente Eduardo Ángel Blas Francisco de Borja Cabeza de Vaca y Leighton, quien el mundo conocería como el Marqués de Portago. Mas para sus allegados y compañeros de hazañas, era simplemente «Fon», nombre breve para un espíritu vasto como los mares y audaz como el trueno.

Heredero de un linaje forjado en la nobleza y el arrojo, su cuna estuvo adornada por la grandeza de reyes y guerreros. Su abuelo gobernó Madrid con mano firme; su padre, diestro en el arte del golf y el juego, desafió la fortuna y venció en Montecarlo con dos millones de dólares en sus arcas. Incluso el mismísimo Alfonso XIII, monarca de España, vertió sobre él la bendición de su nombre. Pero Fon no se conformó con el peso de su sangre: eligió ser el artífice de su propio destino, un moderno caballero que cabalgó, no con armadura y espada, sino con bólidos indomables, corceles de acero y el ímpetu de un espíritu indomable.

Desde su juventud, desafió los límites de lo posible con la insolente seguridad de los héroes. A los diecisiete años, ganó una apuesta de quinientos dólares haciendo surcar su aeronave bajo el Puente de

Londres, como si los cielos fueran su dominio y no el reino de los ángeles. Dos veces enfrentó la brutal exigencia del Grand National, no como un simple jinete, sino como un caballero sobre su montura, desafiando la muerte con la temeridad de los inmortales.

Mas no fue el campo de batalla su única arena. Con la astucia de un estratega, convocó a sus propios primos y forjó con ellos el primer equipo español de bobsleigh, llevando a su nación a la gélida contienda de los Juegos Olímpicos de Invierno. Allí, sobre el hielo traicionero, se alzó hasta el cuarto puesto, prueba de que ningún elemento podía doblegar su voluntad.

Fon de Portago no fue solo un hombre: fue una leyenda viviente, un conquistador del siglo XX, un espíritu renacentista que, con la insolencia de los dioses, decidió probar cada frontera, cada desafío, cada cumbre donde solo los audaces osan posar su estandarte.

Mas no fueron las montañas nevadas ni los corceles de pura sangre quienes marcaron el verdadero sino de Alfonso de Portago, sino el rugido de los motores y el fragor del asfalto. En aquellas bestias de acero encontró su hado, y como un caballero que halla su espada encantada, supo que su vida pertenecía a la velocidad.

El destino, siempre atento a los hombres marcados por la grandeza, lo puso en el camino de Luigi Chinetti, emisario de la legendaria casa Ferrari. Aquel encuentro fue el umbral de su gesta definitiva. Pronto, con el escudo del Cavallino Rampante como estandarte, se lanzó a la batalla sobre ruedas. En 1953, compartió su primera epopeya en la Carrera Panamericana, domando la furia de la carretera como si de un nuevo conquistador se tratase. Aquel mismo año, con un corcel escarlata de Maranello que era solo suyo, desafió las tierras de Buenos Aires en los 1000 km. Y las victorias comenzaron a acumularse como trofeos en el salón de un monarca: seis triunfos de renombre, entre ellos el prestigioso Tour de Francia automovilístico, el Gran Premio de Oporto y la Copa del Gobernador de Nassau, en la que se alzó vencedor en dos ocasiones.

Mas su arte en la conducción no era el de los calculadores, sino el de los temerarios. Su estilo, un desafío perpetuo al equilibrio, hacía gemir a los frenos, rendirse a los embragues y sucumbir a las transmisiones. Tal era su arrojo que muchas veces agotaba una máquina antes de cruzar la meta y debía continuar con otra, como un caballero que empuña una espada hasta quebrarla para tomar otra sin titubeos.

Era inevitable que la Fórmula Uno se convirtiera en su siguiente campo de batalla. En cinco Grandes Premios se midió con los mejores, y en 1956, en la legendaria pista inglesa en Silverstone, se alzó hasta el segundo puesto, rozando la gloria máxima. Sin embargo, aquella misma tierra había sido testigo un año antes de una danza con la muerte: en el fragor de la carrera, a 225 kilómetros por hora (20), su montura encontró una traicionera mancha de aceite y, en un abrir y cerrar de ojos, Alfonso fue arrojado del vehículo como un jinete despeñado en combate. La parca le tendió su fría mano, pero él se la negó con un ademán altivo, escapando solo con una pierna quebrada. En lugar de temer el presagio, lo ignoró con la soberbia de los elegidos.

Pero Alfonso de Portago no solo conquistó circuitos, sino también corazones. Su fama de galán era tan vasta como su destreza al volante. Las mujeres lo amaban con la misma intensidad con que sus rivales lo temían. Entre los caballeros de la pista, su actitud parecía arrogante, pero para las damas, era un príncipe sin reino, un Zorro sin máscara.

Apenas con veinte años, contrajo matrimonio con Carroll McDaniel, una exmodelo a quien conocía tanto como un explorador conoce las tierras que se apresura a descubrir. De aquella unión nacieron dos hijos, más su corazón, inquieto como el viento, no tardó en buscar nuevos horizontes. Ansioso por la libertad, intentó romper aquel lazo sagrado para poder legitimar otro, sellado en México, con la célebre modelo Dorian Leigh, quien lo aventajaba en edad tanto como en experiencia. Pero aún no bastaba. En su vida hubo una tercera amante, una estrella que brillaba con luz propia: la deslumbrante actriz mexicana Linda Christian. Ella, que había entregado su amor al hombre que encarnó al Zorro en la pantalla, sucumbió ante aquel que en la vida real vivía como un verdadero héroe de leyenda.

Así avanzaba Alfonso de Portago por el mundo, como un moderno caballero andante, sin miedo, sin freno y sin límites, sabiendo que el destino solo sonríe a quienes se atreven a desafiarlo.

Fon de Portago no se conformaba con ser uno más entre los elegidos de Ferrari; su espíritu, forjado en la audacia, lo empujaba a escalar hasta la cúspide. Sabía que en el reino del *Commendatore* no bastaba con la nobleza de cuna ni con la osadía: debía conquistar su lugar con velocidad y sangre. Apenas unos días atrás, en la ardiente Siracusa, el infortunio se abatió sobre el bravo piloto ferrarista Luigi Musso, atrapado por las garras de un implacable virus. Con el rugido de los motores aún por desatarse, el *Commendatore* se halló ante un dilema: necesitaba un digno reemplazo, un alma intrépida capaz de domar la máquina que Musso debía conducir.

Así fue como los dioses convocaron a Fon, quien, sin titubeos, aceptó el desafío que haría temblar a los hombres comunes: la Mille Miglia. No era solo una carrera, sino una odisea de 1.600 kilómetros que surcaba el alma misma de Italia, una prueba despiadada que no admitía cobardía ni duda. Allí, en el fragor del asfalto y el viento, se decidiría quién era un simple piloto y quién se alzaría como un titán de la carretera. Cuando Fon preguntó a Enzo Ferrari por qué aquella carrera se consideraba suprema, la respuesta fue una sentencia: «Porque es la más difícil. Porque es la más bella.» Y la belleza, como la gloria, solo se otorga a quienes se atreven a desafiar a los dioses.

Así, en la primavera de 1957, Alfonso se lanzó al combate sobre un Ferrari 335 S con el número 531, un corcel de acero tan indomable como su jinete. Pero algo en su interior no vibraba como de costumbre. A diferencia de otras gestas, aquella vez el marqués sintió el peso del destino sobre sus hombros. Murmuró dudas sobre la locura de recorrer un trayecto tan largo, sembrado de peligros invisibles. Y, sin embargo, la carrera había comenzado, y él no era hombre que diera un paso atrás.

Alfonso de Portago con su Ferrari 860 Monza en 1957. Fuente: Wikimedia Commons. Dominio Público

Desde el inicio, su talento y su arrojo lo llevaron a batallar en la élite. Cuando llegó a Bolonia, el último bastión antes de la gloria, ocupaba el cuarto lugar, sabiendo que solo un podio le abriría las puertas de la inmortalidad en Ferrari. En los boxes, sus mecánicos le rogaron que cambiara los neumáticos delanteros, exhaustos por la implacable velocidad. Fon, con la impaciencia de un guerrero que no quiere perder su momento, desoyó la advertencia. El tiempo perdido le costaría más que cualquier desgaste.

Y entonces, el presagio. En Roma, entre la multitud que vitoreaba su paso, vio el rostro de Linda Christian, su musa, su amor prohibido. Detuvo su montura con un brusco frenazo, bloqueando las ruedas. En un gesto de desafío al destino, la besó, prolongando el instante como si en él pudiera contener la eternidad. Un oficial lo arrancó de sus brazos, instándolo a seguir. Pero el beso quedó inmortalizado en una fotografía que el mundo llamaría, con escalofriante presagio, «El beso de la muerte».

El reloj avanzaba inexorable y la recta final se desplegaba ante él como un filo de daga. En las tierras de Lombardía, entre Cerlongo y Guidizzolo, no a más de 50 kilómetros de la ansiada meta, la muerte acechaba en el asfalto. A 240 kilómetros por hora, su neumático, desgastado hasta el alma, se rindió con una explosión brutal. El Ferrari 531 dejó de ser una máquina y se convirtió en un proyectil. Salió disparado sobre un canal, rebotó como un rayo furioso y desató el infierno. Nueve almas en la multitud encontraron su final, su fiel copiloto Edmund Nelson cayó con él, y el mismo Portago quedó reducido a cenizas bajo el peso de su bestia de acero, su cuerpo partido en dos como si la tragedia hubiera decidido hacer de él un mártir de la velocidad.

Luigi Musso quedó petrificado ante la tragedia, sintiendo el peso de un destino que había trazado un giro cruel e inexorable. Aquel monoplaza fatídico, ahora reducido a escombros sobre el asfalto, debía haber sido suyo. No era Alfonso de Portago quien, según los designios iniciales, debía domar su furia mecánica, sino él. Y, sin embargo, el destino, siempre caprichoso y despiadado, había señalado a otro para enfrentar el juicio definitivo y pagar el más alto precio.

Tenía 28 años. Dejó viuda a Carroll McDaniel y huérfanos a sus hijos, entre ellos Andrea, quien se convertiría en una célebre fotógrafa de la era de Andy Warhol, y Antonio, futuro heredero de su linaje y amante de Bianca Jagger – ex esposa del músico Mick Jagger -. También dejó en la sombra al hijo que tuvo con Dorian Leigh, el desdichado Kim, a quien la familia jamás reconoció y que terminaría por quitarse la vida (21), devorado por sus propios fantasmas.

Pero el verdadero legado de Fon de Portago no fue solo el título de nobleza ni la sangre azul derramada sobre el asfalto, sino el símbolo de una era que agonizaba. Tras su muerte, Italia despertó de su letargo romántico y, en un grito unánime, abolió las carreras en carretera abierta. La legendaria Mille Miglia, la misma que forjó campeones y devoró a sus hijos más audaces, cayó en el olvido sin una sola protesta.

Así terminó la saga de Alfonso de Portago, el caballero rojo, el último de su linaje. La Fórmula 1, el deporte de los héroes, nunca volvió a ser el mismo. Había sido un juego de dioses, donde la vida se apostaba con una sonrisa desafiante. Ahora, la modernidad imponía nuevas reglas, y el valor se medía con precaución.

Desde las lejanas tierras de Italia, donde su última batalla había sido librada, su cuerpo fue traído de regreso a la patria que lo vio nacer. El 14 de mayo de 1957, Madrid recibió el cuerpo de Alfonso de Portago con el mismo silencio solemne que envuelve a los héroes caídos. Ya no era el audaz conquistador del asfalto, el jinete de acero que desafiaba al destino con una sonrisa arrogante. Ahora era un mártir de la velocidad, un nombre grabado en la eternidad, un eco en el rugido de los motores. No hubo el estrépito de las carreras ni el fulgor de los focos, sino un cortejo sombrío, una procesión donde los susurros y las lágrimas eran el único homenaje posible.

Madrid, ciudad de reyes y poetas, lo acogió por última vez. Sus restos fueron conducidos a la Sacramental de San Isidro, el camposanto donde duermen los grandes, donde la historia y el linaje reposan bajo el cielo de España. Allí, entre lápidas cargadas de siglos y oraciones calladas, Alfonso Cabeza de Vaca encontró su descanso definitivo.

Pero los hombres como él no mueren del todo. Siguen viviendo en las crónicas de quienes los recuerdan, en las leyendas susurradas en los garajes y circuitos, en las sombras de los bólidos que aún persiguen la gloria sobre el asfalto ardiente. Porque Fon de Portago no fue solo un hombre; fue un espíritu indomable, una llama que ardió demasiado rápido pero que jamás se apagará. Y así, en cada carrera donde la velocidad desafíe a la muerte, su alma seguirá cabalgando.

Keith Philip Andrews (15.06.1920 – 15.05.1957)

«Donde el rugido del motor marca el pulso de una vida sin frenos, y cada curva es una invitación a bailar con el destino»

Keith Andrews llegó al mundo un 15 de junio de 1920 en Denver, Colorado, con el espíritu de un pionero y el corazón de un guerrero. No solo sirvió con honor en la Fuerza Aérea (5), sino que también forjó su propio destino en tierra firme como dueño de un taller de reparación de automóviles en Colorado Springs. Sin embargo, la velocidad siempre lo llamó, y en 1947 respondió a su llamado.

Comenzó su travesía en el mundo del automovilismo con los indomables *roadsters*[4], pero pronto encontró en los *midgets* el vehículo perfecto para alimentar su sed de riesgo. Allí, con el rugir de los motores y el vértigo del asfalto, descubrió su verdadera naturaleza: un hombre nacido para la competencia, para sentir la adrenalina corriendo como fuego por sus venas.

A base de destreza y determinación, Andrews se convirtió en una leyenda en los circuitos de Colorado. Desde 1952 hasta 1954, nadie pudo arrebatarle el trono en el campeonato de *midgets*, logrando tres victorias consecutivas que cimentaron su legado. Pero su gesta no terminó allí.

---

[4] Los *roadsters* de las décadas de 1940 y 1950 eran autos de carreras ligeros, de alto rendimiento y sin techo, diseñados principalmente para competencias en óvalos de tierra y pavimento en Estados Unidos.

En 1953 rozó la gloria en la mítica carrera de montaña Pikes Peak[5], quedando en segundo lugar. Sin embargo, un año después, con la experiencia como aliada y la ambición como combustible, conquistó la cumbre y se alzó con la victoria.

En 1954, Keith Andrews desafió todas las expectativas y dejó su huella en la historia del automovilismo con una hazaña que pocos habrían imaginado. Junto a su valiente copiloto, Blu Plemmens, se lanzó a la mítica Carrera Panamericana, una prueba despiadada que atravesaba México, desde la bulliciosa Ciudad de México hasta la lejana Juárez. Pero lo hicieron de una manera que desafiaba la lógica: no al volante de un coche de fábrica, diseñado meticulosamente para la victoria, sino al mando de un Cadillac prestado, conseguido por Keith en un modesto concesionario de Colorado Springs.

Era un coche que no tenía la maquinaria de los monstruos de la competencia. Frente a ellos, los coches de Lincoln, máquinas nuevas y minuciosamente afinadas por la fábrica para dominar la carrera, parecían invencibles. Pero Keith y Blu no eran hombres que se dejaran intimidar por las expectativas ni por el poderío industrial de las grandes marcas. Con una mezcla de audacia y destreza, llevaron al Cadillac más allá de los límites de lo posible, demostrando que el coraje y la determinación podían desafiar incluso a las máquinas más imponentes.

---

[5] La Pikes Peak International Hill Climb en una montaña de 4.302 metros de altura, también conocida como la "Carrera hacia las nubes", es una de las carreras más legendarias y desafiantes del automovilismo y su primera carrera se celebró el 10 junio de 1916.

Contra todo pronóstico, el equipo logró mantenerse en la lucha, enfrentando las peligrosas carreteras y la feroz competencia. La Carrera Panamericana sería para ellos más que una prueba de velocidad: una demostración de que, en el automovilismo, la verdadera victoria no siempre pertenece a los más poderosos, sino a aquellos dispuestos a arriesgarlo todo.

Pero la destreza de Keith Andrews y la sólida determinación de su equipo fueron las que marcaron la diferencia. Kilómetro tras kilómetro, curva tras curva, desafiaron a los rivales que, en el papel, parecían imbatibles, como los imponentes coches de Lincoln, que contaban con todo el respaldo de la fábrica. Sin embargo, la valentía y habilidad de los dos pilotos los llevaron a lo más alto, superando los obstáculos más desafiantes de la carrera.

A medida que avanzaban por las peligrosas y sinuosas carreteras mexicanas, se hizo evidente que su lucha no era solo contra los demás competidores, sino contra las expectativas mismas. No estaban ahí solo para competir, sino para demostrar que el coraje podía ser más poderoso que el dinero y la tecnología.

Finalmente, tras una intensa batalla, cruzaron la meta en un asombroso tercer lugar, dejando a todos boquiabiertos y grabando sus nombres en la historia de la Carrera Panamericana como un símbolo de lo que puede lograr un equipo con voluntad y audacia, incluso contra las probabilidades más desfavorables.

El destino de Keith Andrews siempre estuvo ligado a la velocidad, y en 1955 dio el gran salto a los coches de mayor cilindrada. Su sueño de competir en Indianápolis se hizo realidad aquel año, aunque no sin dificultades. En el último día de clasificación, logró asegurarse un lugar en la parrilla, y aunque la batalla en el óvalo fue feroz, cruzó la meta en la vigésima posición, sumando experiencia en la catedral del automovilismo.

Al año siguiente, regresó con renovada determinación, dispuesto a mejorar su desempeño. Sin embargo, la providencia le tenía preparada una dura prueba: al inicio de la carrera sufrió un brutal accidente que lo sacó del camino. Pero Andrews no era un hombre que se rindiera fácilmente. Con el espíritu de un verdadero guerrero, reinició su marcha y, a pesar del contratiempo, consiguió terminar en la vigésima sexta posición.

En 1957, su ambición seguía intacta. Buscaba el auto ideal para volver a Indianápolis cuando el destino le ofreció una oportunidad única. Nada menos que Giuseppe «Nino» Farina, el legendario campeón y veterano de 50 años, necesitaba un piloto de reserva para su nueva y ligera máquina, valorada en 25.000 dólares estadounidenses (5). El coche número 62 esperaba a un hombre lo suficientemente valiente como para domarlo, y Keith Andrews estaba listo para aceptar el desafío.

El 11 de mayo de 1957, Keith Andrews se enfrentó a un nuevo desafío en su carrera al tomar por primera vez el volante del imponente Kurtis 500G - Offenhauser, una máquina que representaba lo más avanzado de la ingeniería automovilística de la época. Desde el primer momento, su intrepidez quedó reflejada en cada curva y aceleración, enfrentándose a la máquina con la misma audacia que lo había definido en tantas otras batallas sobre el asfalto.

Solo cuatro días después, el miércoles 15 de mayo, Andrews regresó al icónico Circuito de Indianápolis para una segunda sesión de pruebas. Con una mezcla de confianza y concentración, subió nuevamente al *cockpit*, decidido no solo a conocer los límites de la bestia, sino a llevarla más allá de lo imaginable. En cada vuelta, se podía sentir su firme intención de domar el monstruo de Offenhauser, buscando el punto perfecto donde máquina y piloto se fundieran en perfecta armonía. Sabía que, en ese asfalto sagrado, solo los más valientes se atreven a ir más allá de lo posible.

Con el rugido del motor como su única compañía, Keith Andrews comenzó a desafiar el asfalto de Indianápolis, alcanzando una velocidad promedio impresionante de 219 kilómetros por hora. Cada giro y cada recta parecían ser una extensión de su voluntad, un hombre y su máquina fusionados en un solo ser. El Kurtis 500G - Offenhauser respondió a su conducción precisa y audaz, desafiando las exigencias de una pista tan legendaria. Pero en su tercera vuelta, cuando la tensión en el aire era palpable y la velocidad se volvía su única aliada, el destino trazó un giro fatal. Al entrar en la temida curva 4, Andrews cruzó demasiado bajo de la línea blanca, un error sutil pero devastador. El coche, descontrolado, derrapó violentamente, recorriendo más de 100 metros en un deslizamiento imparable. En un instante, pareció que la máquina se enderezaba, devolviéndole una esperanza fugaz, pero el peligro estaba lejos de haber pasado.

La inercia lo arrastró otros 150 metros, girando sin control, con el coche luchando por encontrar estabilidad en un mar de desconfianza y caos. Finalmente, el impacto contra el muro de contención interior fue el golpe definitivo, sellando su epílogo en ese fatídico momento. El rugido del motor cesó, y la pista se sumió en un silencio que solo los accidentes más trágicos pueden traer consigo. (17).

El golpe fue brutal. La parte trasera del Kurtis 500G - Offenhauser se estrelló con una violencia inusitada contra el muro de contención, el impacto sacudiendo todo a su paso. Keith Andrews quedó atrapado entre su asiento y el volante, inmovilizado por la fuerza del choque. Las lesiones fueron devastadoras, y en ese momento, el piloto sufrió heridas mortales en el cuello, apagando la vida de un hombre que siempre había desafiado los límites de la velocidad con valentía.

Tras su último y audaz desafío en la pista, Keith Andrews, a un mes de cumplir su trigésimo séptimo aniversario, dejó atrás un legado de coraje y velocidad, pero, sobre todo, a su amada familia. Su esposa, Glenice, y sus dos hijas, Marilyn y Sandra Lee (17), quedaron con el recuerdo imborrable de un hombre que vivió sin miedo, persiguiendo su pasión hasta el final.

Su viaje terminó en el asfalto, pero su historia perdura. Keith Andrews fue enterrado en el cementerio Crown Hill, en Wheat Ridge,

Colorado, donde reposa como un verdadero guerrero de la velocidad. Su tumba es el último testimonio físico de un hombre que vivió al límite, pero su legado no se desvanece con el paso del tiempo.

Su espíritu sigue vivo en cada curva, en cada motor que ruge con fuerza, en cada piloto que, como él, se atreve a desafiar los límites del asfalto y de sí mismo. En cada pista, en cada aceleración, su memoria revive, recordándonos que la verdadera grandeza no está solo en las victorias, sino en la valentía de arriesgarse y en la determinación para seguir adelante, sin importar los obstáculos. Keith Andrews dejó una marca indeleble en el mundo del automovilismo, y esa marca sigue resonando en cada rincón del deporte, impulsando a aquellos que siguen sus pasos a correr sin miedo, como él lo hizo hasta el final.

Pat O'Connor (09.10.1928 – 30.05.1958)

«En un instante, la gloria y la tragedia se cruzaron en la pista, y el coraje del alma se desvaneció ante el rugir del fuego y la imparable fuerza del destino»

Nacido en las tierras de North Vernon, Indiana, el 9 de octubre de 1928, Pat O'Connor comenzó a escribir su nombre en las páginas de la historia del automovilismo en mayo de 1948. Su primer desafío lo encontró al volante de los *roadsters* en Columbus, Indiana, y no pasó mucho tiempo antes de que, como un astuto vendedor de coches nuevos, lograra su primera victoria en una carrera principal, un presagio de la grandeza que estaba por venir.

El año de 1951 vio al apuesto y meticuloso O'Connor alcanzar nuevas alturas, al conseguir el segundo lugar en la renombrada Asociación Mutual Roadster, que abarcaba las tierras de Indiana e Illinois. Con un total de nueve victorias en competiciones de renombre a lo largo de los años, su ascenso no se detuvo. Su espíritu indomable lo llevó a las sinuosas rutas del circuito de coches sprint de la Asociación Americana del Automóvil (AAA) en el Medio Oeste. En 1952, tras una batalla titánica, se erigió en tercer lugar, conduciendo un *midget* alargado alimentado por un imponente motor Ford V8-60 con un super cargador que rugía como un dragón desatado.

Era un hombre hecho para las curvas y las rectas, y tres pistas —Dayton, Salem y Winchester— conocidas como «las colinas», se convirtieron en su santuario, su «arma secreta», lugares donde su destreza y coraje alcanzaban su máxima expresión (22).

En el circuito de Salem, durante una feroz batalla sobre el asfalto, Pat O'Connor, en una muestra de destreza y valentía, chocó con Eddie Sachs al salir de la curva, un incidente que podría haberle costado la victoria. Sin embargo, como si la gloria no fuera suficiente para su espíritu noble, al acercarse a la bandera a cuadros, O'Connor, con un gesto de humildad y caballerosidad, se desplazó hacia abajo, permitiendo que Sachs lo superara en el último suspiro de la carrera. Era como si la victoria no tuviera el mismo peso para él, como si el honor de competir, de dar lo mejor de sí mismo, fuera más importante que el trofeo mismo. No se sentía cómodo tomando aquella victoria, pues su corazón latía no por el brillo del laurel, sino por el respeto hacia sus compañeros de lucha en la pista (23).

Su incursión en el imponente mundo de la Fórmula 1 comenzó en 1953, cuando se presentó en las majestuosas 500 Millas de Indianápolis. Sin embargo, el destino, como suele ocurrir en las batallas más feroces, no le permitió clasificar, desvaneciendo temporalmente su sueño de conquistar el óvalo más legendario. No obstante, la determinación de aquel guerrero no conocía límites.

En 1954, se lanzó nuevamente al desafío, esta vez bajo el estandarte del equipo Hopkins/Motor Racers, al volante de un poderoso motor Offenhauser L4. Aquel valiente intento lo llevó a la gloria de un vigésimo primer puesto, mientras la victoria era para el imbatible Bill Vukovich.

Pero su verdadero momento de resplandecer llegó el 30 de mayo de 1955, cuando, en medio de la tragedia que marcó la muerte del talentoso Manuel Ayulo durante las sesiones de prácticas, él emergió con fuerza y determinación. Con su flamante coche número 29, montado sobre un chasis Kurtis Kraft y alimentado por el rugido de un motor Offenhauser L4, logró alcanzar el octavo puesto, una posición que, aunque noble, era solo un reflejo de su coraje y habilidad en un circuito marcado por la tragedia y la gloria.

En el año de 1956, Pat O'Connor alcanzó la cima de su destreza al ganar las emblemáticas 200 Millas de Darlington, una victoria que sellaría su nombre en los anales del automovilismo. Su lista de logros ya se había expandido a lo largo de los años, conquistando el Memorial Larry Crockett en Salem en 1955, el campeonato de pista en Ft. Wayne en 1954, la carrera de Illiana en Hammond en 1953, y el prestigioso Campeonato de Coches Sprint en ese mismo año. Cada victoria era una prueba más de su habilidad, pasión y ambición (5).

En 1957, se alzó entre los mortales, tocando los cielos con la punta de sus dedos, al lograr su primera pole position en el óvalo más prestigioso de Estados Unidos, el Speedway de Indianápolis, un escenario digno de los dioses, y, por ende, una prueba del Campeonato Mundial de Fórmula 1. La lucha por la victoria fue un verdadero espectáculo de valentía y destreza, pues en las primeras doce vueltas de la carrera, el liderazgo cambió cuatro veces, entre tres pilotos, como si el destino mismo se jugara en cada curva. Sin embargo, la gloria, aunque cercana, escapó de sus manos. Finalmente, cruzó la línea de meta en un digno octavo lugar, dejando atrás su ansiada victoria, como un sueño fugaz que aún perseguiría.

En la edición de las 500 Millas de Indianápolis del 30 de mayo de 1958, un día que también coincidía con el solemne Día de los Caídos, la parrilla de salida se alineó con la gravedad de un rito antiguo en el *pit lane*. Allí, en la segunda línea de salida- se clasificó en quinto puesto -, se encontraba Pat O'Connor, el guerrero decidido, su sino aún por escribir. La fila india, quieta y ceremonial, parecía anticipar la tragedia que se desataría cuando el rugir de los motores comenzara a llenar el aire, como un presagio de lo inevitable. La orden fue clara: separarse y formar las once filas oficiales de tres, una vez alcanzada la pista de carreras. Pero, al igual que una tormenta inminente, el caos se desató, acechando y acercándose con la velocidad imparable de un destino que no podría ser detenido.

Durante la vuelta de calentamiento, los tres pilotos de la primera fila —Dick Rathmann, Ed Elisian y Jimmy Reece—, con el ardor propio de los guerreros que ansían el combate, se adelantaron sin querer al coche de seguridad – se piensa que debido a los cambios en la salida que se introdujeron el año anterior produjeron tal confusión -. Así, los tres bólidos quedaron aislados, desplazándose solos en el vasto óvalo, sin esperar a que el resto de la parrilla los alcanzara. En lugar de ceder ante el orden de la carrera, aceleraron con tal furia que rompieron el frágil equilibrio que demandaba la situación, desafiando la calma que debía preceder el inicio de tan épica contienda. Sam Hanks, con rapidez y decisión, retiró el coche de seguridad de la pista, llevándolo hacia los *pits*, mientras el juez de salida, Bill Vanderwater, mostraba la bandera amarilla, anulando la salida. Se permitió una vuelta adicional de calentamiento, y la primera fila recuperó su lugar al frente del pelotón. Cuando el coche de seguridad fue nuevamente retirado, el grupo ya había recuperado su orden, y Vanderwater les dio la señal verde.

El rugido de los motores se desató como una tormenta. En la curva 1, Dick Rathmann tomó la delantera, seguido de cerca por Ed Elisian en segundo lugar y Jimmy Reece en el tercero. Pero la batalla se desató con furia en la curva 3. Allí, Elisian, en un arranque de descontrol, giró y arrastró a Rathmann contra el muro exterior, desatando un choque monumental que atrapó a quince coches en un torbellino de destrucción. En ese instante, la tragedia tomó forma, y Reece, al frenar, fue alcanzado por detrás por el coche de Pat O'Connor.

El vehículo de O'Connor voló por el aire con la furia de un cometa, alcanzando una altura de varios metros antes de caer de cabeza y estallar en llamas, mientras la pista se cubría de caos. Varios coches giraron en su caída, estrellándose contra el muro y arrastrándose hacia el interior de la pista, mientras Jerry Unser, en un giro brutal, tocó ruedas con Paul Goldsmith y voló por encima del muro exterior, sufriendo una dislocación de hombro.

La magnitud de la tragedia se selló cuando el cuerpo de O'Connor, consumido por las llamas, quedó incinerado. Aunque el fuego reclamó su carrocería, los médicos confirmaron que su destino ya estaba sellado antes de que el fuego pudiese consumirle, ya que la fractura de cráneo sufrida en el accidente le había arrancado la vida al instante.

La fatalidad, implacable y silenciosa, golpeó en la misma semana en que el nombre de Pat O'Connor alcanzó la gloria efímera de la portada de Sports Illustrated. Como si el destino se hubiera entretenido en urdir una cruel ironía, el piloto, que en vida ya reflejaba la promesa de una carrera brillante, vio su rostro inmortalizado en las páginas de la más prestigiosa publicación deportiva, solo para ser cegado por la tragedia antes de que su luz pudiera brillar por completo. En la portada, su imagen resplandecía, pero en los circuitos, el rugido de los motores ya no sería más que un eco lejano, un recuerdo de lo que pudo haber sido.

Con tan solo 29 años, en la cima de su carrera, O'Connor había declarado que se retiraría si alguna vez conquistaba las 500 Millas de Indianápolis. Irónicamente, nunca tendría la oportunidad de cumplir esa promesa. La tragedia de su muerte recordó al fatal accidente de Bill Vukovich tres años antes, otro piloto que, al igual que él, condujo el coche azul número 4, comenzó en la quinta posición, voló sobre otro vehículo y sucumbió a las llamas, víctima de un final no deseado.

A partir de ese fatídico día, las 500 Millas de Indianápolis impusieron una nueva norma: las barras antivuelco serían ahora imprescindibles en los bólidos, pero lamentablemente, esta medida llegó demasiado tarde para Pat O'Connor, cuyo camino ya había sido sellado. Aquella salida caótica desde el *pit lane*, que desató la confusión desde el primer rugido de los motores, nunca más sería permitida por los oficiales del Speedway, pues la lección dolorosa había quedado grabada en la memoria de todos.

Ed Elisian, ya considerado una figura controvertida entre los fanáticos, los oficiales y los propios pilotos, fue suspendido de inmediato por el United States Auto Club (USAC). Su nombre, teñido de una historia de imprudencia, cheques fraudulentos y una conducción temeraria, no encontraba lugar en los círculos de respeto que las pistas exigían. Se decía que, en su primera carrera en Indy, Elisian llevaba consigo una deuda de treinta mil dólares por apuestas, una carga que lo impulsaba a correr con un fervor desenfrenado por alcanzar la victoria que le permitiera saldar sus cuentas. Irónicamente, también había sido multado por exceso de velocidad en los alrededores del circuito durante el mes de mayo, como si el destino le advirtiera que la velocidad, la que tanto buscaba, también sería su condena.

Elisian, finalmente, encontraría su trágico final un año después, cuando su vida se extinguió en el Milwaukee Mile, atrapado bajo las ruinas de un coche volcado y en llamas. Sus gritos de auxilio resonaron en las gradas, un eco que nadie podría olvidar. Reece, otro de los involucrados en aquella fatídica tarde, seguiría la misma senda de tragedia, pues su vida se apagaría también en un coche de carreras solo cuatro meses después de O'Connor, un recordatorio cruel de los peligros que acechaban a los que se atrevían a desafiar la muerte en cada vuelta (23).

Pat O'Connor fue enterrado en el cementerio de Vernon el 1 de junio a las dos de la tarde, cerca de Wilbur Shaw, un lugar de descanso eterno para los grandes de la velocidad. Pat dejó una esposa, Analice, y su hijo Jeffrey, quien apenas tenía 18 meses. La chispa de su vida se apagó, pero su legado perduró, inmortalizado en las memorias de aquellos que lo vieron brillar.

Luigi Musso (28.07.1924 – 06.07.1958)

«Una vida marcada por la velocidad, la gloria efímera y la fatalidad, donde la ambición se cruzó con la tragedia en cada curva»

En las antiguas calles de Roma, donde la historia se forjaba con piedra y sangre, nació Luigi Musso, el más joven de cinco hermanos destinados a la grandeza. Su linaje no era común; su padre, Giuseppe Domenico Musso, no solo representaba a Italia en tierras lejanas, sino que también alzó un imperio cinematográfico, inmortalizando gestas en la gran pantalla. Pero su verdadera herencia no fue solo riqueza, sino un ardiente deseo de conquista y velocidad.

Desde su juventud, Luigi mostró el espíritu de un guerrero. Su belleza era tan notable como su destreza en la esgrima, la equitación y el tiro. Sin embargo, su verdadera batalla se libraba en las carreteras, donde el bramido de los motores reemplazaba el entrechocar de espadas. Inspirado por sus hermanos mayores, Luciano y Giuseppe, quienes surcaban los caminos como caballeros de acero y fuego, sintió en su alma el llamado de la velocidad.

Mas el destino no se inclina ante los deseos de los hombres sin exigir sacrificios. Sus hermanos, guardianes celosos de su reino automovilístico, le negaron la montura de la gloria. Pero Luigi, de espíritu indomable, no se doblegó. Antes incluso de poder portar la licencia que lo acreditara como jinete del asfalto, forjó su propio sino. Adquirió un Fiat Topolino, modesta pero fiel bestia, y luego un

Patriarca-Giannini Fiat 750, con el cual se lanzó al combate en las montañas y carreteras de Italia, desafiando a los dioses del motor.

El año 1950 marcó su primera gran campaña: la legendaria Targa Florio[6] (24). Con el corazón latiendo al ritmo de los pistones, se lanzó al desafío, enfrentando curvas traicioneras y caminos forjados por siglos de historia. Pero el destino, caprichoso y cruel, le tendió una trampa en la forma de un monumento a Garibaldi, donde su sueño encontró un amargo tropiezo. Mientras Luigi yacía entre el polvo de la derrota, su hermano Luciano, con mejor fortuna, cruzaba la meta en décima posición.

No obstante, en los corazones de los verdaderos guerreros, la derrota no es sino un peldaño hacia la gloria. Luigi Musso no era un hombre que conociera el miedo, ni un alma dispuesta a rendirse. Ese día, entre los ecos de motores y las sombras de la historia, nació no solo un piloto, sino una leyenda que, sobre ruedas y fuego, grabaría su nombre en la inmortalidad.

Con un Giaur-Giannini como su primer corcel y la osadía como su bandera, Musso comenzó a labrarse un nombre en las competiciones menores. Pronto, su talento llamó la atención de Maserati, que en 1953 buscaba sangre nueva para sus filas. Junto a Sergio Mantovani y Emilio Giletti, fue elegido para formar parte de la legendaria escudería. Su debut

---

[6] La Targa Florio es una de las carreras más antiguas y legendarias del automovilismo, conocida por su historia y la dificultad de su recorrido. Se celebró por primera vez en 1906 y tiene lugar en las carreteras montañosas de la región de Sicilia, Italia.

en la Fórmula 1 llegó en el circuito de Monza, donde, con la bravura de un guerrero, cruzó la meta en séptimo lugar, una hazaña que presagiaba un futuro colmado de promesas.

Pero no solo en la pista libró batallas. En aquellos días de gloria incipiente, conoció a Fiamma Breschi, una florentina que se convertiría en su amor eterno y madre de sus dos hijos. Entre la adrenalina de las carreras y la calidez de su hogar, Musso forjó su leyenda.

El año 1954 le vio alcanzar su punto más alto hasta entonces, cuando, a los mandos de su Maserati, rozó la gloria en el Gran Premio de España en Pedralbes. Solo el británico Mike Hawthorn logró vencerle aquel día, pero Musso ya había demostrado que su lugar estaba entre los mejores.

Ferrari, siempre en busca de guerreros dignos de portar su estandarte, fijó sus ojos en él tras la trágica muerte de Alberto Ascari en 1955. Italia clamaba por un nuevo héroe, y Enzo Ferrari vio en Musso una pieza clave para su «Squadra Primavera», un ejército de jóvenes pilotos dispuestos a conquistar el trono de la Fórmula 1. Así, en 1956, se unió a un equipo formidable compuesto por Wolfgang Von Trips, Mike Hawthorn, Peter Collins, Eugenio Castellotti y Cesare Perdisa. Pero la gloria y la rivalidad siempre han sido compañeras inseparables en el mundo del automovilismo, y dentro de Ferrari, las tensiones entre Musso y los británicos pronto se hicieron evidentes.

Luigi Musso. GP de Roma en 1956. Fuente: Wikimedia Commons. Dominio Público

Durante la travesía hacia Argentina, donde la primera batalla de la temporada tendría lugar, la providencia comenzó a tejer su telaraña. En un juego de póquer a bordo del avión, Musso, conocido por su espíritu temerario también fuera de la pista, perdió varios millones de liras ante Perdisa (24), una suma que equivalía a casi un año de su salario. Aquella derrota marcó un punto de inflexión, una sombra que lo seguiría en los meses venideros.

En el Gran Premio de Argentina, Musso brilló junto a Juan Manuel Fangio, compartiendo la victoria en un gesto de hermandad que contrastaba con las fricciones dentro de Ferrari. Sin embargo, su lealtad a la escudería se pondría a prueba en Monza, donde, liderando la carrera, recibió la orden de ceder su coche a Fangio. Musso, con el orgullo de un guerrero que no se inclina ante nadie, se negó. El designio, siempre cruel con los audaces, le castigó con un pinchazo a tres vueltas del final, privándolo de la victoria. Mientras tanto, Fangio, habiendo tomado el auto de Collins, cruzó la meta en segundo lugar y se consagró tetracampeón del mundo.

Así era la vida en la Fórmula 1: un juego de velocidad, astucia y destino. Luigi Musso, con su espíritu indomable y su corazón apasionado, siguió persiguiendo la gloria en cada curva, en cada recta, en cada rugido de motor. Su legado, forjado en las pistas más legendarias del mundo, sigue resonando como el eco de una época donde los pilotos eran caballeros de la velocidad y la muerte, su eterna sombra.

Los vientos de 1957 soplaban con presagios de gloria y tragedia en el mundo de la velocidad. En la vasta llanura de Buenos Aires, entre el rugido de los motores y el bramido de la multitud, Luigi Musso emergió como un coloso del asfalto. Montado en su Ferrari 290 MM Spider Scaglietti, compartió la danza feroz del circuito con Masten Gregory y Eugenio Castellotti. Juntos, desafiaron la muerte y la mecánica, cruzando la línea de meta como vencedores indiscutidos en los 1000 Km de Argentina. Pero la victoria es un amante traicionero, y la sombra de la tragedia no tardó en reclamar su tributo.

El destino mostró su rostro cruel el 14 de marzo en Módena. Eugenio Castellotti, el audaz, el intrépido, se enfrentó a su última curva. Era una prueba privada, lejos de la algarabía de los estadios, pero no de los caprichos de la fatalidad. Un fallo, un error, un instante, y su Ferrari se estrelló contra la eternidad. La fábrica murmuró sobre el cansancio, sobre un juicio nublado por el agotamiento. Pero Luigi, de sangre ardiente y lealtad imperturbable, no aceptó tal afrenta. Para él, la causa era clara: los frenos habían fallado, la máquina había traicionado al hombre. Así, su relación con Maranello, frágil como el filo de una espada, se resquebrajó aún más.

Sin embargo, en el fragor de la Fórmula 1, el año 1957 fue su campo de batalla más glorioso. En Francia y Gran Bretaña, su destreza lo llevó hasta la segunda posición, mientras en Alemania, cruzó la meta en cuarto lugar. Peleó cada carrera como un gladiador romano, con el fuego de la ambición en sus venas y el estruendo de los motores como banda sonora de su destino. Al final del año, su nombre se inscribió entre los grandes: tercero en la clasificación, un testamento a su destreza y coraje.

Pero la suerte es veleidosa, y el azar, un narrador implacable. Cuando la Mille Miglia abrió su senda de gloria y tragedia, el fatum le arrebató la oportunidad de competir. Un virus lo postró, alejándolo del rugido de la carretera y del peligro de la carrera. Su puesto fue ocupado por otro hombre, Alfonso de Portago, quien, junto a su copiloto Edmund Nelson, tomó el volante con la misma pasión y bravura. No sabían que su corolario ya estaba escrito en la brisa que acariciaba las colinas italianas. Un reventón, un susurro de la muerte a alta velocidad, y la tragedia se abatió sobre ellos. El Ferrari se tornó en un torbellino de fuego y acero, deslizándose fuera del camino, arrebatando no solo la vida de sus ocupantes, sino también la de varios espectadores. La Mille Miglia, aquel sendero de hazañas inmortales, quedó manchada de sangre y luto.

Luigi Musso, con el peso del destino sobre sus hombros, contempló la cruel ironía del azar. Salvado por la enfermedad, pero condenado a la soledad de la supervivencia. La vida y la muerte, en su eterna danza, habían decidido jugar con su final. Y él, guerrero de las pistas, sabía que mientras el motor siguiera rugiendo, su historia aún no había terminado.

1957 fue el año más glorioso para Luigi. Fue aquella la temporada en la que, con temple de acero y destreza implacable, alcanzó el honor del tercer puesto en el Campeonato Mundial.

Aquel año no fue uno cualquiera. Fue el año en que el inmortal caballero Juan Manuel Fangio, conquistaba su quinta y última corona, sellaba para siempre su leyenda en el Olimpo del automovilismo. Mientras uno se alzaba en el ocaso de su reinado, Musso emergía, firme y desafiante, como una de las grandes promesas de su era.

Era 1958 y Luigi Musso, el único piloto italiano en Ferrari, nadaba contra corriente en un mar de tensiones internas. El equipo estaba dividido entre él y los fríos británicos, Hawthorn y Collins. Ferrari, atrapado en una crisis económica, no podía competir con los Vanwall de Moss, y Musso sentía que el sueño de Ferrari se desmoronaba.

Mientras tanto, Enzo Ferrari jugaba sus cartas con astucia, descubriendo secretos de los pilotos y su vínculo con los patrocinadores. Musso, sintiéndose traicionado, hizo estallar un escándalo al revelar un pacto secreto entre los británicos y Ferrari. En medio de esta lucha de poder, el piloto italiano no solo se enfrentaba a sus rivales en la pista, sino a la política interna de su propio equipo, donde la lealtad ya no existía.

En la carrera de Buenos Aires, la tensión llegó al límite. Musso, emparejado con Gendebien, se vio desamparado, luchando solo contra un sistema que ya no lo apoyaba. Ferrari, con su obsesión por el control, dejó a Musso atrapado en la telaraña de traiciones y engaños, mientras el sueño de gloria se desvanecía con cada curva perdida.

Musso estaba atrapado en una espiral de incomprensión y soledad. En medio de la carrera, rodando en segunda posición, notó la presión de Hawthorn, que lo acechaba por detrás. Pero lo peor no fue el británico a su espalda, sino la indiferencia que se respiraba desde los boxes. No hubo señales, ni apoyo, ni comunicación. Solo el silencio de quienes deberían haberlo guiado. En ese momento, fue Fangio, el campeón del mundo, quien, desde su posición en el circuito, con una calma que solo los grandes conocen, le mostró el cartel que salvaba la situación: *HAW 3º +10"*. Un gesto, tan simple como contundente, que reflejaba la desconexión y la falta de confianza que Musso sufría en su propio equipo. En ese instante, el piloto italiano se dio cuenta de lo que ya sospechaba: no solo luchaba contra los rivales en la pista, sino contra los fantasmas que acechaban en el interior de Ferrari. A pesar de las dificultades, Musso logró un meritorio segundo puesto ese fin de semana.

El 6 de julio de 1958, en el lujoso Gran Premio de Francia patrocinado por la asociación de las marcas de champagne, en Reims, la tensión era palpable en el aire, pesada como una niebla espesa. En la parrilla, Musso sabía que todo dependía de esta carrera. El registro de Hawthorn en primera línea era el mejor, pero Musso no se amedrentaba. A seis décimas del británico, estaba listo para la batalla. Sabía lo que tenía que hacer. La curva 'Calvario', ese secreto que Fangio le había revelado, era la clave. Si lograba mantener el pie a fondo, sería su oportunidad para desmarcarse y dejar atrás a sus rivales. La apuesta de Ferrari por el título se jugaba allí, y Musso no podía permitirse perder ante su compañero, ese «no amigo» que era Hawthorn. La presión era insoportable, y los puntos estaban demasiado ajustados: Moss lideraba el campeonato, pero Hawthorn y Musso no se quedarían atrás.

El mismo Musso, con su fachada de campeón, había dilapidado la fortuna familiar en interminables partidas de cartas, apostando sin control, arrastrado por la fascinación de la jugada perfecta, el riesgo calculado, el juego de la vida misma. La herencia paterna se había esfumado, y con ella, la estabilidad que cualquier piloto podría necesitar. Ahora, Musso se encontraba a merced de aquellos que no jugaban con cartas, sino con armas, con una deuda creciente que lo ahogaba como una cuerda alrededor de su cuello.

Esa mañana, antes de la carrera, un telegrama llegó. Un golpe seco, una advertencia sin palabras amables. La deuda que había contraído en el Hotel Real de Módena, una partida de cartas fatídica ocurrida apenas unos días antes, le exigía el pago inmediato. Diez millones de liras. La cifra, como un peso muerto, aplastaba su mente. El gran premio de Reims era su única salida, su única oportunidad de saldar su deuda con los acreedores que no aceptaban excusas. Pero no eran prestamistas comunes. Eran ellos: la Mafia. Y en su mundo, no había segunda oportunidad (24).

Antes de subirse al coche, había buscado a Fiamma con una urgencia casi desesperada, como si su presencia fuera la última ancla que lo mantenía cuerdo. Pero ella, ajena a la tormenta interna que se desataba en su amado, se había entretenido demasiado conversando en el *paddock* con Elena Giusti, una actriz de cine que también era amiga de la pareja. El reloj avanzaba sin piedad, y cuando Fiamma finalmente llegó al box italiano, lo hizo tarde, demasiado tarde.

Musso, un hombre de costumbres, un hombre supersticioso, se encontraba al borde del abismo. No pudo realizar sus dos rituales previos, esos que lo calmaban, que lo conectaban con un mundo que ya se le desvanecía. El primero era el toque casi mágico de Fiamma limpiando sus antiparras con la cáscara de una patata, un gesto que había repetido tantas veces que ya formaba parte de su rito personal. Y el segundo, el más simbólico, el más profundo: ver a Fiamma, con la mano alzada, saludándolo desde el box al instalarse en su puesto para la carrera, tras el giro de reconocimiento. Esas pequeñas señales le daban la tranquilidad de saber que todo iba a salir bien, como si el universo conspirara a su favor.

Pero esta vez no ocurrió. Musso subió al Ferrari con la furia a flor de piel, sintiendo que el destino le daba la espalda. Cada gesto, cada detalle, parecía haber fallado. En su interior, sabía que algo no iba bien, que la suerte ya se había escurrido de sus manos. Mientras se alineaba en la grilla, una sensación oscura lo invadió, y lo único que podía escuchar era el rugido del motor y su propio corazón, golpeando fuerte contra su pecho. Las supersticiones, esas que parecían tan triviales a ojos ajenos, para él eran el último refugio ante el caos. Pero ese día, ni siquiera sus cábalas pudieron salvarlo.

La salida fue un desastre para Musso. Un error al soltar el embrague, y mientras Hawthorn se escapaba como un cohete, Musso veía cómo la distancia se ampliaba. Sin embargo, no perdió la calma. Su ritmo se ajustó, y a medida que avanzaba, recuperaba terreno. La curva *Calvario* se convirtió en su aliada, y con cada vuelta, robaba décimas al «gran rubio». El público estallaba, animado por su coraje, por esa lucha que parecía imposible.

Pero la tragedia estaba a punto de escribir su último capítulo. En la novena vuelta, Musso, al borde de la perfección, no pudo evitar el destino. La curva 'Calvario' se convirtió en su peor pesadilla. El Ferrari, que hasta entonces había danzado al límite, perdió el control. Musso intentó, con desesperación, mantener el coche sobre el asfalto, pero el espacio era escaso, y el coche se fue al abismo. Un derrapaje mortal, 100 metros de agonía, y el Ferrari se estrelló contra el cemento. El vuelo era inevitable.

Los gritos del público se ahogaron en el estruendo del impacto. El monoplaza giró en el aire, dando vueltas como una marioneta rota, hasta quedar hecho trizas en el suelo. La multitud guardó un silencio funerario.

Musso, el gran piloto italiano, era dado por muerto en el acto. Pero su espíritu resistió, luchó, se negó a ceder. Pasaron minutos, pero su cuerpo no pudo soportar las fracturas internas. A medio morir, Musso permaneció atrapado en un coma profundo, en la fría cama del hospital Maison-Blanche. No pasó ni media hora desde la salida, pero para él, el tiempo se había detenido. Ferrari había perdido no solo una carrera, sino a uno de sus más grandes.

Fiamma Breschi nunca dejó de cargar con la pesada culpa de la tragedia. En su mente, la demora que la alejó de Musso antes de la carrera fue el fatídico giro del destino, el error que impidió a su amado cumplir con las cábalas que él mismo había convertido en rituales sagrados. Cuando vio a su marido perderse en la curva *Calvario* y morir ante sus ojos, la culpa se apoderó de su alma. Esa misma noche, la del accidente, la desesperación la consumió por completo. Sentada en la habitación del quinto piso del hotel donde se había alojado con Musso, Fiamma pensó que la vida ya no tenía sentido. El dolor la empujaba a un abismo insondable, y la tentación de lanzarse desde la ventana fue una lucha interna que estuvo a punto de ganar. Pero algo, una chispa de vida o quizás un destello de lo que quedaba de su fortaleza, la hizo dar un paso atrás.

Con el paso de los años, Fiamma intentó encontrar la paz en medio del sufrimiento. Sin embargo, el peso de los recuerdos y la culpa nunca la abandonaron por completo. Fue solo después de la muerte de Enzo Ferrari que ella finalmente confió sus secretos más íntimos. Durante más de 20 años, el hombre que había sido el motor de la *Scuderia Ferrari*, el hombre que había sido el alma de su propio tormento, la cortejó incansablemente. Enzo, con su obsesiva necesidad de control y poder, no dejó de perseguir a Fiamma, proponiéndole incluso matrimonio, pero ella nunca cedió (25). Quizás fue el miedo lo que la frenó. Enzo no era un hombre al que se pudiera dominar, y ella sabía que, si aceptaba su propuesta, perdería para siempre lo que más valoraba: su independencia, su libertad. La sombra de Musso seguía siendo demasiado grande, y el amor que Enzo profesaba no era suficiente para borrar las huellas de su dolor.

La tragedia de Musso, con su aura de misterio, se grabó en la memoria del automovilismo como uno de los episodios más oscuros y enigmáticos de la historia de la Fórmula 1. Aquella fatalidad, cargada de sombras, no solo dejó un vacío irremplazable en las filas de Ferrari, sino que desató una cadena de sucesos tan extraña como macabra. Los ecos de su muerte aún resonaban cuando su esposa, Fiamma Breschi, mostró su desconfianza sobre las circunstancias que rodearon su trágico final. La rivalidad, los celos y las tensiones que marcaron esos años en la *Squadra Primavera* ofrecían suficiente combustible para que su intuición se volviera una acusación velada. En su rabia contenida, Fiamma llegó a lanzar una advertencia escalofriante a sus amigos más cercanos: «*No sé si todo lo que se dice sobre el accidente es cierto. Si lo es, el futuro lo dirá. Las próximas carreras. Alguien pagará.*»

Un presagio mortal, como un anatema, se cernió sobre todos. Solo unos días después, el 3 de agosto, en Nürburgring, el destino repitió su cruel danza. Collins, de manera casi idéntica, encontró la muerte en un accidente que parecía replicar el de Musso. Hawthorn, el último gran rival de Musso, alcanzó el título mundial, pero la gloria que le había sido esquiva durante tantos años no le dio tregua. Decidió retirarse, siendo el primer británico en coronarse campeón. Sin embargo, la historia no terminó allí. Apenas seis semanas después de anunciar su retiro, Mike Hawthorn murió en un accidente de tráfico mientras regresaba a su casa, al estrellarse contra un árbol cerca de Guilford con su GT personal. La fatalidad había completado su ciclo.

Las coincidencias, o la maldición que pesaba sobre aquellos hombres, marcaron el fin de aquel trágico romance de Ferrari en 1958. Enzo Ferrari, aunque siempre escéptico frente a las leyendas y supersticiones, no pudo evitar ceder ante la gravedad de los hechos. A fin de año, ordenó destruir los monoplazas supervivientes de aquella maldita temporada, como si al hacerlo pudiera borrar la huella de la fatalidad que había acechado a su equipo. La oscuridad que rodeó la muerte de Musso no solo cambió el rumbo de su carrera, sino que transformó a Ferrari, como una marca marcada por el destino, por una serie de tragedias que nunca fueron completamente explicadas.

Luigi Musso, el hombre que vivió a la sombra de la velocidad y la tragedia, encontró su descanso eterno en el *Cimitero del Verano*, en Roma, su ciudad natal. Allí, entre las tumbas que guardan los ecos de otras vidas, su nombre permanece grabado en piedra, un recordatorio de un talento que nunca alcanzó el brillo que merecía. La fría tierra de Roma cobija sus restos, mientras la memoria de su vida y su trágico final persisten en las sombras de la historia del automovilismo.

En su tumba no hay fanfarrias, solo el silencio reverente de quienes recuerdan su nombre, de quienes aún susurran su historia. El rugir de los motores que una vez marcaron su vida ha quedado atrás, pero el legado de su pasión y su trágica desaparición sigue siendo parte de la leyenda de Ferrari, un nombre que nunca se borrará del todo, mientras su espíritu, allá en el *Cimitero del Verano*, se convierte en parte del viento romano que susurran los recuerdos.

Peter Collins (06.11.1931 – 03.08.1958)

«Vivir a la sombra del miedo es no vivir en absoluto; que sea la velocidad la que dicte el destino, y no la duda»

En las tierras de Kidderminster, en el corazón de Worcestershire, nació Peter Collins, un hombre destinado a desafiar la velocidad y el destino. Hijo de un comerciante de automóviles, creció entre motores y carrocerías bruñidas por el aceite y la ambición. Desde temprana edad, el rugir de los motores se convirtió en la melodía que concibió su espíritu indómito.

Forjó su temple en los talleres de Ford en Dagenham, donde durante tres años se impregnó del conocimiento de la mecánica, comprendiendo cada tornillo, cada engranaje, como un guerrero que aprende el peso de su espada antes de entrar en combate. Pero su vocación no era la forja, sino la batalla sobre el asfalto.

El llamado llegó en 1948, cuando en un acto que parecía dictado por los dioses del automovilismo, sus padres le entregaron un Cooper Mk II, un corcel de acero con el que cabalgaría hacia la gloria. Pasó meses domando su máquina en los aeródromos, allí donde el viento y la velocidad tejían su propia épica. Su pasión era tan ardiente que contagió a Austen May, un amigo de su padre, quien adquirió el viejo Mk II de Stirling Moss. Juntos, como caballeros de la velocidad, hicieron su debut en la legendaria reunión de Pascua en Goodwood, en 1949 (24).

Fue en Goodwood donde Collins se forjó como gladiador de los bólidos. En aquel coliseo de neumáticos ardientes y motores rugientes, su nombre comenzó a resonar con fuerza. Durante años, enfrentó cada carrera con el ímpetu de un guerrero, acumulando victorias y dejando tras de sí el eco de su paso imparable. Sin embargo, Goodwood no solo le ofreció la gloria, sino también la sombra del sacrificio. Meses más tarde, en su travesía por tierras europeas, fue testigo de cómo la fatalidad reclamaba a amigos y compañeros, cuyos destinos se quebraron en el fragor de curvas indomables, en otros coliseos donde la velocidad dictaba su implacable ley.

Para entonces, el sino de Peter Collins se había entrelazado con el de HW Motors, formando una hermandad de audaces junto a Lance Macklin y el joven prodigio Stirling Moss. Juntos, desafiaron las pistas de Gran Bretaña y del continente, enfrentándose a la élite de la velocidad en las contiendas de la Fórmula 2. Pero cuando esta categoría fue elevada al sagrado altar del Campeonato Mundial, Collins se encontró compitiendo en la cúspide del automovilismo, donde solo los más grandes inscribían sus nombres en la historia.

Sin embargo, su montura, el HW Motors, era un corcel indomable pero débil, falto de potencia y fragilidad en su estructura. Luchaba contra máquinas superiores, y demasiadas veces su camino terminaba antes de ver la bandera a cuadros. Los laureles de la victoria se mostraban esquivos, y su mejor gesta en el Campeonato fue un sexto puesto en el Gran Premio de Francia de 1952. No obstante, en batallas menores, su temple brilló con mayor fulgor: fue segundo en Les Sables d'Olonnes aquel mismo año y alcanzó el tercer peldaño del podio en el Eifelrennen de 1953. Eran triunfos modestos, pero en cada carrera, Collins forjaba su leyenda, preparándose para el día en que el mundo del motor pronunciara su nombre con admiración y respeto.

En 1954, el visionario Tony Vandervell vio en Peter Collins el temple de un guerrero y lo convocó para domar una de las máquinas más temidas de la época: el imponente Thinwall Special. Esta bestia de 4.5 litros, nacida del linaje de Ferrari y anteriormente confiada a las manos de Reg Parnell (24), era un coloso de la velocidad, diseñado para imponer su ley en la feroz arena de la Fórmula Libre.

Collins, con su valentía indomable y destreza al volante, se convirtió en una pesadilla recurrente para BRM, desafiando y superando una y otra vez a sus legendarios V16, dejando en claro que su talento no conocía límites. No satisfecho con ello, fue también uno de los primeros en empuñar las riendas del Vanwall Special, la máquina con la que el equipo aspiraba a forjar su destino en el automovilismo. Con ella, se lanzó a la batalla en el prestigioso Gran Premio de Italia, logrando un meritorio séptimo puesto y dejando su nombre marcado en la memoria de aquellos que presenciaron su osadía en la pista.

En 1955, Peter Collins fue llamado a filas por British Racing Motors (Owen Racing Organisation), donde tomó las riendas del temible V16 en las despiadadas contiendas de Fórmula Libre. Al mismo tiempo, en la arena de los Grandes Premios, confiaba en el Maserati 250F de la escudería de Owen mientras aguardaba con ansias la llegada del prometedor Type 25 de 2.5 litros, la máquina que prometía llevarlo a nuevas gestas.

Sin embargo, la fortuna le fue esquiva en su incursión en el Campeonato Mundial. A bordo del 250F, la fortuna le dio la espalda, convirtiendo cada carrera en una lucha no solo contra sus rivales, sino también contra los caprichos de la mecánica. En Monza, el legendario templo de la velocidad, recibió la oportunidad de competir con un Maserati de fábrica. Clasificó en la undécima posición, listo para desafiar a los gigantes, pero su ambición se vio truncada cuando la traicionera suspensión trasera cedió bajo la presión de la batalla, obligándolo a abandonar. Era una derrota, sí, pero Collins no era de aquellos que se doblegaban ante la adversidad; cada revés era un nuevo fuego que templaba su determinación.

En 1956, el destino llevó a Peter Collins a Ferrari, donde compartió equipo con el legendario Fangio. Desde el inicio, mostró su temple y audacia, forjando su camino entre los grandes. Bajo la tutela del maestro argentino, Collins maduró rápidamente y dejó su huella en la historia. Su primera gran victoria llegó en Spa, donde desafió a la velocidad y emergió triunfante. Luego, en los trazados de Reims, volvió a alzarse con la gloria, consolidándose como un serio contendiente al título mundial.

La temporada avanzaba y Collins continuaba su ascenso, asegurando segundos lugares en Mónaco y Silverstone, compartidos con Fangio y De Portago. La lucha por el campeonato ardía con intensidad cuando llegó la última batalla: el Gran Premio de Italia. Allí, el destino le presentó una encrucijada. Con la posibilidad de alcanzar la corona, Collins tomó una decisión que quedaría marcada como un acto de grandeza inigualable. A quince vueltas del final, con la gloria al alcance de su mano, bajó la mirada hacia el rumbo que lo llamaba y, en un gesto de lealtad y honor, entregó su coche a Fangio – el Chueco recordaría años después ese gesto con lágrimas en los ojos (26) -.

Así, renunció a su propio sueño en favor de un compañero, escribiendo una de las páginas más nobles en la historia del automovilismo. Fangio cruzó la meta en segundo lugar y conquistó su tercer título consecutivo, mientras Collins, aunque sin la corona, se convirtió en una leyenda, recordado no solo por su velocidad, sino por su inmenso espíritu deportivo.

En 1957, Ferrari reunió nuevamente a Peter Collins y Mike Hawthorn bajo la misma bandera, como compañeros de equipo, en un intento de reavivar la gloria del pasado. Sin embargo, los envejecidos Lancia-Ferrari, fieles a su legado, pero incapaces de desafiar los vientos de la modernidad, se vieron superados por la potencia del Maserati 250F, que en manos del gran Juan Manuel Fangio parecía invencible. En medio de la lucha, Collins, con su característico coraje, consiguió alcanzar dos terceros puestos, uno en Francia y otro en Alemania, pero la victoria seguía siendo esquiva. Mientras tanto, los Vanwall, emergentes con fuerza, se consolidaban como una nueva potencia en la Fórmula 1, un desafío que solo los más grandes podrían afrontar.

Peter Collins (a la izquierda de Fangio y Hawthorn) celebrando su tercer puesto en el Gran Premio de Alemania, en Nurburgring, el 4 de agosto de 1957. Autor: Willy Pragher. Fuente: Landesarchiv Baden-Württemberg. Creative Commons Attribution 3.0 Unported

Ese año, Peter se casó con la estadounidense Louise King, y juntos llevaron una vida de ensueño en su yate «Mipooka» (24) en Mónaco. A pesar de que en el Campeonato Mundial fue superado por Musso y Hawthorn, Collins se convirtió en el piloto más exitoso de Ferrari en una temporada difícil, gracias a sus victorias en los eventos locales en Siracusa y Nápoles.

En 1958, Ferrari se levantó de las cenizas, renovando su fuerza tras abandonar los viejos V8 y abrazar el nuevo y feroz Dino V6. En este renacer, el destino puso a Mike Hawthorn al frente, eclipsando a Peter Collins en cada clasificación, pero, en el fragor de las batallas, ambos se igualaron en valentía y destreza. Con victorias en Goodwood, Siracusa y

Silverstone, Ferrari dejó claro que su renacimiento era imparable. Collins, junto a Phil Hill, también logró imponentes victorias en los 1000 km de Buenos Aires y las 12 Horas de Sebring, elevando a Ferrari a la gloria.

Peter Collins (izquierda de la imagen) celebrando el tercer puesto en el Gran Premio de Alemania, el 4 de agosto de 1957. Autor:Willy Pragher. Fuente: Landesarchiv Baden-Württemberg. Creative Commons Attribution 3.0 Unported

Aunque Hawthorn brillaba en las clasificaciones, era en las carreras donde el coraje de Collins brillaba con fuerza. La temporada, marcada por la fiabilidad caprichosa de su coche, llevó a Hawthorn a convertirse en el principal contendiente al título. Sin embargo, en el Gran Premio de Gran Bretaña, Ferrari desplegó una táctica astuta, colocando a Collins en la vanguardia, liderando la carrera con un ritmo imparable que hizo que Moss le explotara su motor. Al final, Collins cruzó la meta 24 segundos por delante de Hawthorn, asegurando un majestuoso doblete para Ferrari, derrumbando a Vanwall en su propio terreno.

Pero el destino, cruel y despiadado, golpeó a Ferrari con la pérdida de Luigi Musso en Reims, y la temporada tomó un giro sombrío. Con Collins resurgiendo como un aspirante al título, la tragedia acechaba. En Alemania, en la mítica Nürburgring, el camposanto del acero y la velocidad, donde los ecos de motores moribundos resuenan entre las sombras de los héroes caídos, Collins luchaba por el liderazgo cuando la providencia lo alcanzó. Al salir ligeramente de la trazada, perdió el control de su Ferrari, deslizándose por la hierba y estampándose contra el único árbol en su camino. El impacto fue brutal; su casco se fracturó, y una fractura de cráneo le arrebató la vida esa misma noche.

Durante su carrera, Peter Collins cruzó la línea de meta en 32 Grandes Premios, conquistando tres victorias, ascendiendo al podio en nueve ocasiones y acumulando 47 puntos en la lucha por el Campeonato (11). Sin embargo, el destino, siempre implacable, lo reclamó demasiado pronto. Tras su trágica despedida, su compañero de armas y amigo, Mike Hawthorn, fue arrasado por un dolor insondable, una sombra que lo envolvía, y en un acto de desesperación y honor, decidió abandonar la pista, dejando atrás su gloria, tras haber obtenido el título mundial de 1958. Pero el cruel designio no tuvo piedad, y en enero de 1959, Hawthorn siguió el mismo sendero sombrío, cayendo víctima de un accidente de tráfico, un nuevo golpe al corazón del automovilismo.

Peter Collins, el intrépido guerrero de la velocidad, encontró su última morada en el sereno cementerio de la iglesia de San Esteban, en Snetterton, Norfolk, Inglaterra (17). En aquel campo de reposo, donde los susurros del viento parecen contar historias de antaño, su tumba se alza como un monumento a un hombre que, más allá de su destreza al volante, fue reconocido por su alma noble y su espíritu inmortal.

Allí, en la quietud de la tierra, descansan los restos de un héroe que, con su coraje y sacrificio, dejó una huella imborrable en los corazones de aquellos que adoraban el rugir de los motores. En el silencio de su sepultura, la leyenda de Collins sigue viva, resonando en los ecos de las carreras, y en la memoria de todos aquellos que, con reverencia, contemplan la tumba del hombre que se entregó por completo a su pasión.

Stuart Lewis-Evans (20.04.1930 – 25.10.1958)

«La fragilidad del cuerpo no limita la fuerza del espíritu; en la velocidad, el valor se impone sobre cualquier límite»

En la primavera del año de 1930, en la ciudad de Luton, vio la luz por primera vez Stuart Lewis-Evans, un hombre cuyo hado no habría de escribirse en la monotonía de lo común, sino en las páginas gloriosas de la velocidad y el coraje. Su juventud transcurrió entre los muros de Bexleyheath, donde adquirió el saber que habría de forjar su carácter. Pero no bastaba el estudio para templar su espíritu; necesitaba el rigor del trabajo, y así, durante tres años, se sometió al yunque de la disciplina en Vauxhall Motors, donde aprendió los secretos de las máquinas que más tarde dominaría con maestría.

No esquivó el llamado del deber cuando la patria lo reclamó, y con férrea determinación sirvió como mensajero, surcando caminos a lomos de su caballo de acero, enfrentando la intemperie y el destino con igual resolución. Pero más allá del servicio y el aprendizaje, la verdadera senda de Stuart aguardaba en los circuitos, allí donde los valientes desafían el viento y la muerte con el estruendo de sus motores. En su pecho ardía una llama indomable, un fuego que lo impulsaría a conquistar la gloria con la velocidad como aliada y la ambición como estandarte.

Impulsado por la pasión heredada de su padre, Stuart Lewis-Evans emprendió su gloriosa travesía en la Fórmula 3 a bordo de un Cooper 500. Desde el primer rugido de su motor, demostró que no era un hombre común, sino un guerrero del asfalto, forjado en la velocidad y la destreza. Su primera victoria llegó en 1951 en Brands Hatch, un presagio de la grandeza que lo aguardaba.

El año 1952 lo vio batirse en duelos tanto en su tierra como en circuitos extranjeros, conquistando su primer gran triunfo en el International Trophy de Silverstone. No fue un relámpago fugaz, sino el inicio de una tormenta imparable: victorias en el London Trophy, el Holiday Special, Chimay y Orleans anunciaban la llegada de un piloto destinado a la gloria. Los años siguientes solo reforzaron su leyenda, con conquistas en Crystal Palace, Goodwood, Davidstow y el Grand Premio de Gran Bretaña. Incluso en las exigentes pruebas de hillclimb y velocidad en Brighton y Great Auclum, su pericia se alzó por encima del resto.

En 1954, su talento encontró un nuevo estandarte cuando se convirtió en piloto oficial de Cooper junto a Les Leston. La revista Motor Sport no tardó en reconocer su maestría, afirmando que sería «difícil de superar». Y así fue: con triunfos en Nürburgring, Castle Combe, Orleans, Senigallia y Brands Hatch, su nombre comenzó a esculpirse entre las nuevas promesas de la velocidad.

El año 1955 lo vio desafiar y doblegar a sus rivales con victorias en Castello Terano, Oulton Park y Charterhall, además de una tercera conquista consecutiva en Orleans. En 1956, su dominio se afianzó aún más con el triunfo en el John Bull Trophy en Oulton Park, el Sporting Record en Brands Hatch y nuevas gestas en Aintree, Goodwood y

Crystal Palace (6). Su enfrentamiento en Mallory Park contra Jim Russell quedó grabado como un duelo de titanes.

Tanta era su destreza que Connaught, equipo de élite, le confió el volante en Brands Hatch, donde cruzó la meta en segundo lugar, apenas detrás de Archie Scott-Brown. El eco de su grandeza resonaba ya en cada pista que pisaba.

Sus habilidades brillaron en la Fórmula 3 hasta finales de 1956, un periodo que marcó el fin de una era y el comienzo de otra aún más grandiosa. En ese instante, Stuart Lewis-Evans se unió al mítico Connaught de Fórmula 1, y aunque su tiempo con el equipo fue efímero, su talento dejó una huella imborrable, alcanzando el cuarto puesto en el glamuroso Gran Premio de Mónaco de 1957. Pero como ocurre con los designios más extraordinarios, la suerte le jugó una jugada inesperada: el equipo cerró sus puertas, dejándolo con un vacío en su calendario, un espacio en el que solo la incertidumbre parecía reinar.

Sin embargo, los grandes no se rinden fácilmente. Stuart, decidido a seguir su camino, encontró nuevas oportunidades en la Fórmula 2 con el Cooper T43 de Beart y, al final del año, con Willment. Pero el destino le tenía reservado un giro aún más épico. Enzo Ferrari, el maestro de Maranello, lo llamó para que se uniera a la legendaria prueba de Le Mans (27). Con una determinación férrea, Stuart condujo durante dos tercios de la ardua carrera, y al final, su esfuerzo titánico lo llevó a la quinta posición general, un logro impresionante ante la magnitud de la competencia.

El viento de la fortuna volvió a soplar a su favor cuando Brooks y Moss no pudieron competir en el Gran Premio de Francia. Ferrari, reconociendo la valía de Stuart, lo cedió a Vanwall para el resto de la temporada de 1957. Allí, el piloto británico justificó sobradamente su lugar en el equipo con actuaciones de altísima clase: una pole position en Monza, y una batalla encarnizada en Pescara que quedó grabada en la memoria de los aficionados. Su nombre se grabó con letras doradas en el firmamento de la velocidad, y Tony Vandervell lo fichó nuevamente para la temporada siguiente.

Mientras tanto, Stuart, incansable, pasó el invierno en las lejanas tierras de Nueva Zelanda con un Connaught, cruzando océanos en su incansable búsqueda de grandeza. En su regreso, hizo una aparición estelar en California, donde deslumbró en una carrera en Pomona (27), dejando claro que su hambre de victorias no conocía fronteras. El Connaught con el que compitió, por cierto, era propiedad de un hombre cuyo nombre aún no resonaba en el universo del automovilismo, pero que en el futuro sería el coloso que revolucionaría todo el deporte: Bernie Ecclestone, quien, con visión, asumió su gestión personal. Así, Stuart Lewis-Evans no solo forjó su propia leyenda, sino que, sin saberlo, contribuyó a la gestación de una era nueva en la Fórmula 1.

En el año 1958, Stuart Lewis-Evans forjó su camino en las más desafiantes competiciones del automovilismo. En su aliento ardiente por la velocidad, se unió a Aston Martin en eventos de resistencia, se entregó con pasión a Elva y Willment en las intensas carreras de deportivos cortos, y dominó con destreza el B.R.P. Cooper-Climax en Fórmula 2, donde su rendimiento fue siempre una constante. Sin embargo, su alma jamás abandonó la Fórmula 3, donde su legado se cimentó. Cada vez que el destino lo permitía, regresaba a esa arena de gladiadores, desafiando el cronómetro y batiendo récords, como el inolvidable registro en Goodwood, donde su tiempo de 1 minuto y 39,4 segundos aún resuena en la historia.

Su presencia en Vanwall, sin embargo, fue la que marcó la verdadera grandeza. Con una maestría que trascendió los límites del automovilismo, desempeñó un papel fundamental en la lucha del equipo por el Campeonato de Constructores, donde alcanzó el podio en los Grandes Premios de Bélgica y Portugal, y quedó cuarto en el sagrado terreno del Gran Premio de Gran Bretaña. Un verdadero piloto en la lucha por la gloria.

Stuart, guerrero de la velocidad, enfrentaba en silencio una batalla silenciosa dentro de su propio cuerpo. Sus entrañas ardían con dolores insoportables, los cuales fueron diagnosticados como úlceras estomacales, una sombra cruel que acechaba su bienestar. Para mitigar el tormento, llevaba consigo un elixir sencillo, leche, que bebía antes de cada gran cita, buscando el consuelo necesario para afrontar la feroz lucha en los circuitos. Sin embargo, ni siquiera el peso de este mal lo doblegó. Con un coraje indomable, Stuart se mantuvo firme, desafiando el dolor con la misma tenacidad con la que enfrentaba a sus rivales. Luchó hasta su último aliento, sin rendirse ante las adversidades que amenazaban con apartarlo del camino, demostrando que su espíritu era más fuerte que cualquier obstáculo físico que la vida le pusiera en su camino.

Pero el destino, como suele ser caprichoso, le jugó una cruel jugada. En la vuelta 42 del Gran Premio de Marruecos, cuando la emoción del triunfo parecía al alcance de la mano, un accidente brutal le arrebató la vida de manera desgarradora. Las llamas de la tragedia le dejaron graves quemaduras, y aunque fue trasladado a la unidad especializada en quemaduras del gran Sir Archibald McIndoe en East Grinstead, la muerte reclamó su alma solo seis días después.

Muchos coinciden en que, si el fatum no hubiera sido tan implacable, Stuart Lewis-Evans habría alcanzado alturas aún mayores. Su habilidad y su destreza natural lo habían posicionado para un futuro glorioso, sobre todo en la era de los coches de motor trasero que estaban a punto de tomar el mundo por asalto. Stirling Moss, compañero en Vanwall, lo describió como «muy rápido», y aunque algunos lo consideraban falto de resistencia, nadie podía negar su entrega absoluta en las carreras de resistencia, donde su ardor y pasión no conocían límites.

Tras un solemne acto en la Iglesia de Cristo de Bexleyheath, Stuart Lewis-Evans fue incinerado en el Crematorio de Charing, y sus cenizas descansan en el sagrado terreno de la tumba familiar en el Cementerio de Plumstead.

El alma noble de Tony Vandervell, quien nunca se repuso por completo de la pérdida, se retiró del automovilismo al final de aquel sombrío 1958. Como amigo cercano y consejero, Bernie Ecclestone, compañero de las glorias y tribulaciones, lo acompañó en los momentos más trascendentes, mientras Stuart ascendía a la élite de la Fórmula 1. Tras el fallecimiento de Stuart, Ecclestone vendió sus Connaughts y se apartó del deporte durante varios años.

Lejos de los circuitos, Stuart era un hombre de espíritu vibrante, lleno de vida y de un brillo que nunca apagó su humildad. Modesto ante sus victorias, las cuales alcanzaba tras duras batallas, nunca buscó la gloria personal. A pesar de los desafíos de salud que le atormentaban, la pregunta persiste: ¿qué hubiera logrado Stuart si el destino no hubiera sido tan implacable? Habían surgido planes grandiosos para que Bernie Ecclestone dirigiera un equipo de Coopers en 1959, coches mucho más fáciles de dominar. Quizás, en ese futuro sin límites, sus problemas de resistencia habrían quedado atrás y su gran talento habría alcanzado la cima, donde su nombre se habría inscrito en la historia de la Fórmula 1 como uno de los más grandes de todos los tiempos.

Jerry Unser (15.11.1932 – 17.05.1959)

«Cada curva desafiada con valentía, cada vuelta trazada como un testimonio de velocidad y pasión»

Bajo el cielo de Colorado Springs, en el año 1932, nacieron dos almas forjadas para la gloria. Jerry Unser Jr. y Louis Jefferson Unser, gemelos nacidos de una estirpe legendaria, hijos del Jerry Unser Sr. y Mary, venían al mundo con la velocidad corriendo por sus venas, como un linaje destinado a dejar huella en el asfalto. Desde sus primeros días, compartieron no solo su sangre, sino una llama común: la necesidad de desafiar los límites de la velocidad, de enfrentar la vida y la muerte con un solo propósito: ser los mejores.

Crecieron en el seno de la familia Unser, donde el rugido de los motores era la sinfonía que acompañaba cada paso, y el ardor de la competencia se reflejaba en sus ojos, como dos estrellas brillando con la misma intensidad. Jerry Jr. y Louis compartieron no solo su infancia, sino también la pasión por las carreras que llevaría a ambos a pisar los mismos circuitos, a luchar por la gloria y a escribir, con sudor y coraje, sus nombres en la historia del automovilismo.

Como guerreros que nacen en la misma forja, los gemelos Unser comenzaron su carrera con una intensidad única, marcando el inicio de una saga de victorias y tragedias, donde el destino de ambos parecía entrelazarse con la misma fuerza que los unía en su sangre. Cada uno, al volante de sus máquinas, estaba destinado a afrontar su propia batalla, pero ambos sabían que, en el rugido de los motores, la vida y la muerte se encontraban al mismo nivel.

La juventud de Jerry Jr. fue un campo de batalla donde la disciplina y el ímpetu se encontraron. En la escuela secundaria, destacó como luchador, demostrando la tenacidad de un soldado en pleno combate. Pero su verdadera pasión se encendió cuando sus manos tomaron por primera vez el volante de aquel Ford Modelo A, el mismo que su padre, con visión y orgullo, adquirió para sus hijos. Sobre aquella máquina de acero, Jerry no solo aprendió a conducir: forjó su destino.

Con la furia de un piloto en plena ofensiva, avanzó sin tregua en el mundo de las carreras. Su progreso fue meteórico, y pronto, junto a sus hermanos, se convirtió en una leyenda rodante del suroeste estadounidense. Allí, en los polvorientos circuitos cortos, se labraron un nombre, enfrentándose a rivales con el arrojo de combatientes en el fragor de la batalla. En cada curva, en cada acelerón, se escribía la historia de un linaje destinado a la gloria.

En el año 1952, mientras el viento salado de las islas hawaianas besaba su rostro, Jerry Unser Jr. se encontraba bajo las órdenes de la Marina. Sin embargo, en su corazón ardía una pasión que no podía ser sometida por el deber militar. Durante sus horas de descanso, la pista se convertía en su campo de batalla. Al volante de su máquina, se enfrentaba a sus rivales con el mismo coraje de un guerrero en tierras lejanas. En 1953, tras un año de arduo entrenamiento y feroz competencia, Jerry alcanzó la cima: conquistó el título de automovilismo de stock car hawaiano, un logro que lo hizo leyenda entre los aficionados locales, quienes lo veneraban como a un héroe que traía consigo la velocidad y la gloria (28).

Su destreza no pasó desapercibida, y en 1954, tras cumplir su servicio, fue dado de baja con honores. La comunidad hawaiana, en reconocimiento a su valentía tanto en la pista como en la vida, organizó una fiesta de despedida que se convertiría en un evento memorable: «Jerry Unser Aloha Night» (28). Era más que una despedida; era un tributo a un hombre que, con el espíritu indomable de un campeón, había dejado su huella en la isla.

El viento de la adversidad jamás logró doblegar el espíritu de Jerry. Tras su tiempo en las islas hawaianas, regresó a su hogar en Albuquerque, donde la sangre de su linaje lo llamaba a la forja del taller paterno, un santuario de acero y mecánica donde se forjaban no solo los vehículos, sino los sueños de aquellos que se atrevieron a desafiar los límites. En ese refugio de sudor y aceite, Jerry se preparaba para enfrentar su mayor desafío: la mítica subida de Pikes Peak.

En 1955, el joven piloto se presentó en la histórica montaña, donde el peligro acechaba en cada curva y el horizonte prometía solo a los más valientes la gloria eterna. Con el ardor de un guerrero en su primer combate, terminó en cuarta posición, una hazaña que lo catapultó al reconocimiento en el reino del automovilismo.

El destino, implacable como siempre, le otorgó no solo triunfos en las pistas, sino también una familia con la que selló su legado. En 1956, Jerry unió su vida a Jeanne Lamberth, y juntos engendraron dos hijos, Jerry y Johnny, quienes llevarían el estandarte de la familia Unser con la misma tenacidad que su padre.

Pero la montaña no descansaba, y Jerry tampoco lo haría. En 1956 y 1957, el hijo de Albuquerque regresó al desafío de Pikes Peak (28). La montaña, tan famosa por su dureza, se inclinó ante su destreza y, con dos victorias consecutivas en la categoría de stock cars, Jerry alcanzó la cima, demostrando que su nombre ya era sinónimo de leyenda en las alturas más temibles.

El 1958 sería un año que pondría a prueba la resistencia de Jerry Unser Jr. como nunca antes. Su debut en la mítica competencia de las 500 Millas de Indianápolis, un evento que deslumbraba al mundo entero con su misticismo y emoción, terminó antes de lo que había comenzado. En la vuelta de calentamiento, cuando la máquina de acero que pilotaba parecía estar destinada a la gloria, el destino le jugó una cruel jugada. Un accidente múltiple, donde el guerrero del asfalto Pat O'Connor encontró su trágico final, se desató una tormenta de caos. Con la furia de un torbellino, lanzó su coche por encima del muro, arrastrando sus sueños en un mar de chispas y humo. La oportunidad de redención parecía haberse esfumado.

Sin embargo, Jerry no era hombre de rendirse. En lugar de sucumbir a la derrota, se levantó con la determinación de un gladiador dispuesto a enfrentar sus demonios. Pocas semanas después, y con el peso de la adversidad aún sobre sus hombros, regresó a las tierras de Pikes Peak, ese campo de batalla donde ya había demostrado su temple. Pero el azar, siempre impetuoso, seguía probando su fortaleza. En esta ocasión, Jerry, con el dolor clavado en su hombro dislocado—una secuela del accidente en Indianápolis—volvió a subir a su coche y, como un auténtico guerrero, cambió de marcha y giró el volante con una sola mano, desafiando los límites de su cuerpo y su mente.

El camino hacia la victoria, sin embargo, siguió siendo un espejismo inalcanzable. El coche, como una bestia indómita, se rebeló ante la fuerza imparable de su voluntad, volcándose en una zanja, arrojando a Jerry a los brazos implacables de la adversidad. Con la nariz fracturada y su cuerpo marcado por el sufrimiento, el piloto se levantó una vez más, su espíritu indomable intacto. En ese momento, demostró al mundo que, aunque el destino se ensañara con su coraje, su voluntad era un bastión infranqueable, más firme que cualquier tormenta que se le presentara.

A principios de mayo de 1959, la mítica tierra de Indianápolis, donde se habían forjado innumerables leyendas, vio el regreso de Jerry. El espíritu fiero de este piloto de Albuquerque nunca había flaqueado, y su alma, como la de un guerrero que regresa al campo de batalla, buscaba la redención en las 500 Millas. Con cada paso en el asfalto de ese sagrado circuito, Jerry se preparaba para desafiar a los dioses una vez más, como un héroe que, aun habiendo caído, se levanta con más fuerza, dispuesto a luchar contra los vientos del azar y reclamar lo que le pertenece.

Fue el dos de mayo, cuando tras varias vueltas a una velocidad vertiginosa de 214 kilómetros por hora (29), el desenlace del coche fue sellado en la cuarta curva. En un suspiro, el vehículo perdió el control y descendió por debajo de la línea de seguridad, deslizándose como una sombra durante pocos metros, antes de que el acero y el asfalto se encontraran de nuevo. Regresó a la pista con una furia indomable, solo para ser lanzado en un giro mortal de 175 metros que lo empujó contra la pared interna, desgarrando el tanque de gasolina. Como un fénix en su caída, el coche atravesó 44 metros de suelo y, con un rugido ensordecedor, se estampó contra el muro con un impacto brutal.

El fuego, salvaje e imparable, se desató con furia dentro de la cabina, devorando todo a su paso con una intensidad abrasadora. El uniforme de Jerry, desprovisto de protección alguna contra las llamas, se desintegró en pedazos, dejando al descubierto su vulnerabilidad. Era una advertencia ignorada, un reflejo de la despreocupación de muchos pilotos de la época, quienes, como él, se vestían solo con una simple camiseta, confiando en su audacia más que en la seguridad. La fragilidad humana se enfrentaba con temeridad a la fuerza indomable del destino, mientras el rugir del fuego era un recordatorio cruel de los límites de la carne ante la implacable ley de la velocidad.

El volante se dobló y el coche, convertido en un monstruo retorcido, se desplomó. Con coraje, los bomberos se adentraron en el caos, apagando el incendio que amenazaba con devorarlo todo. Ralph Little, de Herbrand Tool Co., se erigió como un héroe, entregando una herramienta a cada miembro del equipo de rescate para liberar a Jerry, aún consciente, atrapado entre los hierros retorcidos de su máquina (29). Un hueso del cuello de Jerry se fracturó en el accidente, y las llamas, como huellas del infierno, dejaron cicatrices eternas en su cuerpo, marcando su piel con la historia de una batalla que desafió la muerte misma. Este sacrificio atroz, fue el que obligó a la USAC[7] a tomar acción, decretando que todos los pilotos debían portar trajes a prueba de fuego de mangas largas.

Pero en medio de la tormenta, había un hombre más que lo vio todo, su corazón latiendo al mismo ritmo que el de su hermano. Louis, el hermano gemelo, el otro lado de la moneda, fue testigo de la caída de su otro yo, del hombre con quien había compartido cada triunfo y derrota. Con los ojos fijos en las llamas que devoraban a Jerry, su alma se quebró, pero el coraje, el mismo coraje que había forjado su existencia, lo sostuvo en pie.

Louis, enfrentado al abismo de la tragedia, no pudo evitar sentir como si parte de su propio ser hubiera desaparecido entre los gritos del viento y el rugir del fuego. El alma de un hermano, un guerrero, se apagaba, pero la memoria de su espíritu, de su lucha, de su amor por el deporte, jamás podría ser borrada. En ese preciso instante, Louis no solo perdió a su hermano, sino también una parte de sí mismo, de su fuerza, de su alma compartida. La tragedia de aquel día no fue solo el final de

---

[7] La USAC (United States Auto Club) es una organización estadounidense que regula varias competiciones de automovilismo en los Estados Unidos, incluyendo carreras de monoplazas, *midgets*, y otros tipos de vehículos. Fue fundada en 1955 y se encarga de supervisar diversas series de carreras de alto nivel, siendo la más famosa la IndyCar Series (anteriormente conocida como CART y Indy Lights), que incluye la Indy 500.

una vida prometedora, sino también un hachazo a la esencia de lo que eran: dos guerreros destinados a la misma gloria.

Jerry, su cuerpo marcado por el dolor y las quemaduras, desarrolló uremia y no respondió a los tratamientos que intentaban salvarlo. Las quemaduras de tercer grado cubrieron el 35 por ciento de su cuerpo, pero su alma, indestructible, se mantuvo firme. Días después del trágico accidente, fue trasladado de urgencia al Hospital Robert Long en el Centro Médico de la Universidad de Indiana, donde, entre máquinas de riñón y la fría soledad de una tienda de oxígeno, luchó hasta el final. El 17 de mayo, la vida le fue arrebatada, pero su memoria perduró, grabada con sangre y coraje en la historia de la Fórmula 1.

Jerry Unser Jr. se despidió del mundo, pero su legado quedó grabado en los corazones de todos aquellos que lo vieron correr. Como un héroe de antaño, cuyo sacrificio se convirtió en leyenda, su nombre perduró en la memoria colectiva. En la pista, su alma siempre estaría presente, acelerando con la fuerza de la historia y el viento, dejando atrás una huella que nunca se desvanecería.

Aunque la muerte de Jerry Unser Jr. arrebató al mundo un valiente guerrero, su legado nunca se desvaneció. Los lazos de sangre que lo unían a su familia, forjados en el calor de la pista, continuaron transmitiendo la antorcha de la gloria. Sus otros dos hermanos, Al y Bobby Unser, tomaron el estandarte que Jerry había dejado, y con la misma ferocidad y determinación que él había demostrado, conquistaron siete títulos en las 500 Millas de Indianápolis glorificando el recuerdo de

Jerry y añadiendo sus nombres a la lista de leyendas que habían marcado la historia de la competición.

El destino, en su cruel justicia, arrebató a Jerry Unser Jr. en el momento en que su nombre estaba destinado a brillar más intensamente. Pero, como ocurre con los verdaderos héroes, su alma encontró descanso en la serenidad de la eternidad. Hoy, su cuerpo reposa en el Cemetery of the Holy Cross en Albuquerque, Nuevo México, un lugar que, aunque distante en kilómetros, sigue siendo cercano en espíritu a los corazones de aquellos que lo recuerdan.

El viento que sopla sobre esa tierra, cargado de historia y reverencia, susurra el nombre de Jerry Unser Jr. en cada rincón del desierto. En su descanso, se halla la certeza de que un hombre que vivió con la pasión de un campeón jamás será olvidado. En cada curva de la pista, en cada acelerón, su espíritu sigue viviendo, más allá de las estrellas, más allá de la muerte, guiando a las futuras generaciones de la familia Unser y a todos los que se atreven a soñar con la velocidad y la gloria.

Bob Cortner (16.04.1927 – 19.05.1959)

«Un espíritu indomable que abrazaba el peligro con una voluntad que desafiaba cualquier obstáculo»

Bob Cortner nació en la primavera de 1927, en la soleada Redlands, California. Forjado en la dureza de las pistas, dedicó una década de su vida a las frenéticas carreras de autos *midget*, domando máquinas indómitas con su destreza y valentía. Pero su espíritu ansiaba más. No le bastaban las pequeñas bestias del óvalo; en su corazón ardía el deseo de desafiar la inmortalidad en el coliseo supremo del automovilismo: las legendarias 500 Millas de Indianápolis.

Bob Cortner fue el campeón de exteriores de la *Bay Cities Racing Association* en 1957, un título que lo marcó como uno de los principales competidores en el competitivo mundo de las carreras de autos *midget*. Este logro fue un testimonio de su habilidad y determinación, un preludio del ambicioso salto que daría hacia las legendarias 500 Millas de Indianápolis solo un año después.

En 1958, con la mirada fija en la gloria, se lanzó al asfalto sagrado de Indianápolis. Sin embargo, la prueba de novatos se erigió como un muro infranqueable, negándole el acceso al gran espectáculo. Pero Cortner no era hombre de rendirse ante la adversidad. Durante un año se preparó con el tesón de un guerrero, puliendo su arte, afinando su temple.

Así, en mayo de 1959, regresó a la pista donde los valientes se forjan y los débiles sucumben. Pero esta vez, la sombra de la tragedia se cernía sobre el asfalto. Apenas un día antes, los dioses habían reclamado a Jerry Unser, consumido por las llamas en el gran templo de la velocidad. La muerte rondaba Indianápolis, susurrando advertencias en cada curva, poniendo a prueba el temple de quienes osaban desafiarla.

Bob Cortner, sin embargo, no era hombre de temerle a la providencia. Como un guerrero que enfrenta la batalla sabiendo que la gloria y el abismo se entrelazan en un solo aliento, el lunes 18 se plantó ante la imponente recta de Indianápolis. Con el rugido de su motor Offenhauser L4 como estandarte y la férrea voluntad de quienes persiguen lo imposible, enfrentó la prueba que una vez lo había rechazado. Y esta vez, con el viento como aliado y la determinación ardiendo en su pecho, conquistó su derecho a desafiar la inmortalidad en la carrera donde solo los colosos perduran.

Al día siguiente, el viento barría la pista con furia indómita, azotando el óvalo de Indianápolis con ráfagas traicioneras de entre 30 y 46 kilómetros por hora. Era un día en que la velocidad se convertía en un desafío aún mayor, una lucha no solo contra el asfalto, sino contra los caprichos de la naturaleza misma.

Sin vacilación, Bob Cortner llevó su máquina a la arena del combate. A bordo de su número 51 Offenhauser Cornis Engineering Special, desafió al viento y al destino, sintiendo en sus manos el temblor de la potencia pura. Con cada vuelta, el rugido de su motor se elevaba como un grito de desafío, y cuando el velocímetro marcó los 206 kilómetros por hora, quedó claro que aquel hombre no estaba allí solo para correr, sino para domar la pista, para escribir su nombre en la historia con la tinta de la velocidad.

En la siguiente vuelta, apenas tres minutos después de haber salido a la pista, el destino desenvainó su espada. En la temida curva 3, donde tantos sueños habían sido devorados por el asfalto, el número 51 perdió el control. Como un potro desbocado, salió disparado, recorriendo 84 metros hasta la frágil línea blanca del interior. Pero la pista no lo soltó. Derrapó 58 metros sobre la tierra, levantando una nube de polvo como si el propio infierno se abriera bajo sus ruedas (29).

El coche, aún atrapado en su danza mortal, cruzó 42 metros más a través del óvalo, su trayectoria marcada por la inevitabilidad del desastre. Luego, el golpe final: un impacto frontal contra el muro exterior, un estruendo que sacudió el aire y dejó al mundo en un instante suspendido. La máquina giró otros 52 metros antes de quedar en un silencio sepulcral, excepto por el rugido del motor, que seguía acelerando sin control, como si aún se negara a aceptar el desenlace. Fue entonces cuando otro valiente, Buddy Cagle, se acercó entre los escombros y apagó el motor, poniendo fin a la última carrera de Bob Cortner.

Algunos creen que fue una ráfaga de viento cruzado la que inclinó la balanza del destino aquella tarde fatídica. Lo cierto es que, en un instante, la velocidad se tornó en tragedia. Bob Cortner, inconsciente tras el impacto, seguía sujeto a su asiento por el cinturón de seguridad, pero carecía de un arnés de hombros. Su cuerpo quedó a merced de la inercia, y su rostro golpeó el volante con una fuerza tan descomunal que lo dobló en forma de «L», como si el propio metal se rindiera ante la brutalidad del choque.

Las heridas eran devastadoras. Su cráneo fracturado, los huesos de su rostro aplastados, la mandíbula rota. Incluso su casco, su última barrera contra la realidad, quedó destrozado.

Tras ser rescatado de los restos de su máquina, fue trasladado de urgencia al Hospital Metodista. Allí, los médicos lucharon contra lo inevitable. Le practicaron una traqueotomía y lo colocaron en un pulmón de acero[8], intentando contrarrestar la enorme pérdida de sangre que había sufrido en la pista.

Mientras la vida de Bob Cortner pendía de un hilo, varios pilotos, aquellos mismos que compartían con él el amor por la velocidad y el riesgo, aguardaban con ansias la oportunidad de donar su sangre, con la esperanza de arrancarlo de las garras de la muerte. Pero la muerte ya lo había reclamado. Siete horas después del accidente, Bob Cortner exhaló su último aliento. Cuando la noticia de su fallecimiento recorrió los pasillos del hospital, un silencio pesado cayó sobre sus compañeros y familiares. Otro héroe de la velocidad había caído. Tenía solo 32 años.

---

[8] Un pulmón de acero es un tipo de respirador mecánico que se utilizaba principalmente en el siglo XX para ayudar a pacientes con dificultades respiratorias graves. Este dispositivo consiste en una cámara cilíndrica hermética de metal, en la que el paciente se introduce completamente, con solo la cabeza fuera.

Fue la segunda vida que el autódromo reclamó aquel fatídico año. Apenas un día antes, el 17 de mayo, Jerry Unser había caído en su lucha contra las llamas, convirtiéndose en otro mártir del asfalto. Pero la muerte de Bob Cortner no solo sumaba tragedia, sino que parecía escrita con una macabra simetría en la historia del circuito.

Era la quincuagésima muerte en Indianápolis - de los cuales, 29 fueron pilotos, 14 mecánicos y 7 espectadores - (30), y ocurrió en el quincuagésimo año de operaciones del legendario óvalo. Como si la pista, en su implacable destino, exigiera un tributo exacto a cada década de gloria. Como si la historia misma se encargara de recordar que, en este templo de la velocidad, la grandeza y la tragedia siempre han marchado juntas.

En 2007, Bob Cortner fue incluido en el Salón de la Fama de la Bay Cities Racing Association (31), un honor que reflejó su destacada carrera y la huella que dejó en el mundo de las carreras. Este reconocimiento no solo celebraba sus logros en la pista, sino también su influencia y legado perdurable dentro de la comunidad de automovilismo.

Bob Cortner, cuyo espíritu indomable y legado perduran en el rugido de los motores, descansa ahora en las colinas de Hillside Memorial Park, en Redlands, San Bernardino, California. Allí, en la tierra que lo vio nacer, se encuentra el último refugio de un guerrero de asfalto, un hombre cuya vida fue una danza con la velocidad y la tragedia. En ese campo de descanso, su nombre no se desvanece; como una leyenda forjada en la pista, su memoria sigue viva entre las piedras y los vientos que acarician las colinas, recordando a todos que, aunque su cuerpo se haya rendido al silencio de la tierra, su espíritu sigue acelerando, libre, hacia la eternidad.

Ivor Bueb (06.06.1923 – 01.08.1959)

«Un alma forjada en el fuego de la velocidad, que vivió al borde del abismo, dejando su marca indeleble en los caminos de la gloria y la tragedia»

En las brumas del sur de Londres, en la localidad de Dulwich, nació un hombre destinado a desafiar el asfalto y la muerte. El 6 de junio de 1923 vio la luz Ivor Leon Bueb, quien, con el tiempo, sumaría otro nombre a su identidad: John. Pero no era su nombre lo que forjaría su leyenda, sino su temple al volante.

Su camino en el automovilismo comenzó en 1952, domando una ágil máquina de Fórmula 3 de 500 cm³ en el circuito de Castle Combe. Pronto, su destreza lo destacó entre los contendientes, pero su verdadero ascenso no se materializó hasta que, en 1954, puso sus manos sobre un Cooper Mk8. Con ese bólido, inscrito por el equipo Ecurie Demi-Litre, Bueb demostró que no era un piloto común, sino un gladiador del asfalto. Su talento atrajo la mirada de los grandes, y al año siguiente, fue convocado para formar parte del equipo oficial, compitiendo tanto en sport prototipos de 1100 cm³ como en la feroz Fórmula 3, acompañado por Jim Russell.

El destino, sin embargo, tenía planes oscuros para él. En 1955, Bueb fue llamado a ocupar un lugar en una de las carreras más legendarias y trágicas de la historia: las 24 Horas de Le Mans. Originalmente, no estaba destinado a compartir el Jaguar D-type con Mike Hawthorn (17), pero el infortunio golpeó al equipo. Los accidentes de Jimmy Stewart - el hermano mayor del futuro campeón del mundo Sir Jackie Stewart - y Desmond Titterington dejaron un vacío en la alineación, y así, a pocos días del evento, Bueb fue elegido para empuñar el volante junto a Hawthorn.

Y llegó el día de la batalla. Las calles de Le Mans rugieron con la furia de los motores, pero lo que comenzó como un duelo de titanes se tornó en una tragedia inmortal. El Mercedes-Benz del francés Pierre Levegh se descontroló, y en un instante fatídico, el destino cobró la vida de más de ochenta espectadores. Mercedes-Benz, en un acto de duelo y respeto, retiró sus coches de la carrera y de cualquier competición hasta el año 2010 - volvió a competir en Fórmula 1 a manos del heptacampeón Michael Schumacher -. Y entonces, en medio de la consternación, el Jaguar D-type de Hawthorn y Bueb emergió como líder, cruzando la línea de meta como vencedor. Pero no hubo júbilo ni celebraciones; la victoria estuvo teñida de luto, y en los anales de la historia, aquel triunfo quedaría marcado por la sombra de la tragedia.

El destino parecía ensañarse con Jaguar, pues días antes, la desgracia ya había golpeado la casa británica. John Michael, único hijo del fundador de la marca, William Lyons, pereció en un accidente automovilístico mientras se dirigía a Le Mans. Fue un triunfo bañado en lágrimas, una conquista en la que la gloria y la pena se abrazaron en un duelo eterno.

Pero Ivor Bueb no era un hombre que se amilanara ante la oscuridad. Su destreza nocturna lo convirtió en un maestro de la resistencia, un titán de las largas horas bajo las estrellas. En 1956, conquistó las 12 Horas de Reims junto a Duncan Hamilton, y en 1957, volvió a reinar en Le Mans, esta vez con Ron Flockhart y bajo la bandera de Ecurie Ecosse.

El año 1957 no solo consolidó la leyenda de Ivor Bueb en la resistencia, sino que también lo vio adentrarse en el Olimpo de la velocidad pura: la Fórmula 1. Con un antiguo, pero aún fiero Connaught B-Type – «B» de Bernie Ecclestone –, junto a su compañero de equipo Stuart Lewis-Evans, desafió a los grandes de la categoría, demostrando que su destreza no conocía fronteras. En el exigente Gran Premio de Siracusa, aunque fuera del campeonato, alcanzó un meritorio quinto puesto, preludio de una hazaña aún mayor. Fue en el desafiante circuito de Pau, donde las curvas parecían susurrar historias de campeones, que Bueb reclamó un glorioso tercer lugar, inscribiendo su nombre entre los contendientes más respetados.

Pero su sed de competencia no terminaba en los circuitos. Con la misma fiereza con la que dominaba los monoplazas y prototipos, Bueb se aventuró en el despiadado mundo del rally, donde solo los más audaces sobreviven. Allí, entre caminos traicioneros y terrenos indomables, se forjó un nombre como un rival temible, integrando el exitoso equipo Sunbeam a finales de la década de 1950. Su talento trascendía cualquier disciplina; no importaba la máquina ni el terreno, Ivor Bueb siempre encontraba el camino hacia la gloria.

El año 1958 marcó un nuevo capítulo en la travesía de Ivor Bueb, quien se unió a las filas del equipo BC Ecclestone, comandado por un joven y ambicioso Bernie Ecclestone, que había tomado las riendas de la escudería Connaught Engineering. Sin embargo, la temporada fue implacable y no concedió tregua alguna. A pesar de su destreza y valentía, Bueb no logró sumar puntos en el campeonato, enfrentando con gallardía las adversidades de la competición.

Pero su espíritu indomable no conocía el desaliento. En agosto de aquel año, aceptó un nuevo desafío al debutar con un Lotus-Climax de Ecurie Demi Litre en el legendario Gran Premio de Alemania. Fue una batalla desigual, pues su montura era un monoplaza de Fórmula 2 enfrentado a las bestias de Fórmula 1, pero Bueb no era un hombre que se doblegara ante la adversidad. Con determinación y pericia, llevó su máquina más allá de sus propios límites, cruzando la línea de meta en una meritoria undécima posición (32). Un logro que, lejos de quedar en la sombra, se alzó como una muestra de su grandioso talento y su espíritu de lucha, desafiando a los gigantes de la velocidad en un terreno donde solo los más audaces sobreviven.

En su incansable búsqueda de gloria, Ivor Bueb llevó su talento más allá de los circuitos tradicionales y se adentró en una de las contiendas más audaces de su tiempo: la legendaria «Monzapolis». Esta no era una carrera cualquiera, sino la mítica Carrera de Dos Mundos, un enfrentamiento épico entre los colosos del automovilismo europeo y los titanes de la velocidad americana.

Sobre el asfalto del veloz óvalo de Monza, donde la valentía se medía en cada curva peraltada, Bueb tomó el volante de un Jaguar D-Type y desafió a la muerte a velocidades impensables. En ese duelo transatlántico de 500 millas, en el que solo los más osados se atrevían a participar, demostró que su temple no conocía fronteras. Aunque los poderosos bólidos de Indianápolis dominaban la contienda, su espíritu de lucha quedó grabado en la historia, recordado como uno de los pilotos que osó desafiar a los dioses de la velocidad en un escenario donde solo los más valientes se atreven a competir.

El año 1959 marcó un nuevo desafío en la carrera de Ivor Bueb, quien se unió a las filas del British Racing Partnership (BRP), un equipo que buscaba hacerse un nombre entre los titanes de la Fórmula 1. Al mando de un Cooper T51 con motor Climax FPF 1.5 L4, Bueb enfrentó una temporada de ardua lucha, pero la fortuna no estuvo de su lado y los resultados se le escaparon entre los dedos.

Sin embargo, la oportunidad de redimirse llegó en el prestigioso Gran Premio de Gran Bretaña, celebrado el 18 de julio de 1959, en el sagrado asfalto de Aintree. Allí, con la determinación de un guerrero, tomó una decisión que cambiaría su destino: cambiar su propulsor por un Borgward 1500 RS 1.5 L4. La fiabilidad de aquel motor, sumada a su incansable destreza al volante, le permitieron cruzar la meta en la décimo tercera posición. No fue una victoria ni un podio, pero fue un testimonio de su tenacidad, de su capacidad para extraer lo mejor de su máquina y de sí mismo, en un deporte donde la gloria y el infortunio caminaban siempre de la mano.

La serpenteante pista de Clermont-Ferrand, esculpida en la majestuosa región de Charade, en el corazón del Puy-de-Dôme, era un templo del automovilismo, un desafío digno de los más audaces. En 1959, la Fórmula 2 volvió a rugir en aquel circuito, uniendo la destreza de los mejores pilotos con la implacable naturaleza de un trazado que exigía perfección en cada curva.

El legendario Stirling Moss llegaba como el hombre a vencer, tras haber conquistado dos de las tres carreras anteriores del Trofeo BP en Reims y Rouen. Con su Cooper T45-Borgward del equipo Rob Walker Racing Team, se adjudicó la pole position, listo para imponer su dominio. A su lado, el talentoso Graham Hill aguardaba en su Lotus 16-Climax, mientras que Chris Bristow, compañero de Ivor Bueb en el BRP, partía desde una posición privilegiada en su Cooper T51-Borgward, resplandeciente en su característico verde prado. Bueb, por su parte, registró el décimo mejor tiempo en los entrenamientos y se alineó en la cuarta fila de la parrilla, preparado para la batalla. Al caer la bandera, la carrera se convirtió en un torbellino de velocidad y estrategia. Una parada momentánea de Moss permitió que Bristow tomara el liderato, desatando una persecución feroz. Moss, implacable, comenzó su cacería, seguido de cerca por Henry Taylor, Masten Gregory y un joven Bruce McLaren, todos a bordo de Coopers listos para la contienda.

Más atrás, una lucha encarnizada se desataba por la sexta posición. Ivor Bueb, con la determinación de un guerrero, se batía rueda a rueda con el experimentado Jean Behra, mientras que Graham Hill y Olivier Gendebien se sumaban al duelo, tejiendo una batalla vibrante donde solo los más hábiles prevalecerían. El circuito de Clermont-Ferrand no perdonaba errores, y cada curva se convertía en una prueba de temple y destreza.

La carrera avanzaba con la intensidad de una batalla sin tregua. Cuatro vueltas habían transcurrido y Chris Bristow seguía aferrado al liderato con determinación feroz. Pero el destino, siempre caprichoso en el mundo del automovilismo, comenzó a mostrar su sombra. Su motor Borgward, forzado al límite, empezó a fallar, la junta de culata sucumbió al calor de la contienda y, una vuelta después, Bristow se vio obligado a rendirse. Con su retirada, el trono de la carrera quedó en manos del implacable Stirling Moss, perseguido por Jean Behra y Graham Hill, quienes olían la gloria y no estaban dispuestos a ceder. Pero la pista de Clermont-Ferrand exigía sacrificios. Ya en la segunda vuelta, dos máquinas yacían como restos de una guerra mecánica a un costado del asfalto. Bruce Halford, a bordo de su Lotus 16-Climax, sufrió un pinchazo traicionero que lo lanzó contra la pista en un violento accidente. Afortunadamente, el piloto logró salir con heridas leves.

No tuvo la misma suerte Ivor Bueb. En la vertiginosa curva de Gravenoire, una bestia de múltiples vértices situada en el punto más bajo del circuito, su Cooper, llevado al límite de su capacidad, perdió el control. El monoplaza se desvió de su trayectoria y se estrelló brutalmente contra un poste de banderas. El impacto fue catastrófico: la máquina se partió en dos y, en un instante de terror, estalló en llamas. Bueb, expulsado de su vehículo por la fuerza del choque, quedó tendido sobre el asfalto. Su cuerpo, maltratado por la violencia del impacto, sufría fracturas de costillas y graves lesiones internas.

El bramido de los motores aún retumbaba en el asfalto, pero el destino ya había dictado su veredicto. La tragedia, silenciosa y despiadada, se había consumado. Entre el humo y la urgencia, un grupo de gendarmes irrumpió en la escena, levantando con premura aquel cuerpo maltrecho, como si al alejarlo del lugar pudieran torcer el sino funesto que lo envolvía. Lo transportaron a toda velocidad, desafiando el tiempo y la muerte, hacia un hospital donde los médicos librarían una batalla desesperada en su nombre.

Durante seis días, la lucha de Ivor Bueb no fue contra los rivales en la pista, sino contra una sombra inexorable que lo acechaba al filo del abismo. Al principio, un atisbo de esperanza iluminó la oscuridad: su pulso resistía, su espíritu aún se aferraba a la vida con la misma tenacidad con la que había domado las curvas y desafiado los límites. Pero la herida era un enemigo insalvable, profundo como una cicatriz en la historia del automovilismo. Y al final, cuando la última luz titiló en su mirada, la muerte, paciente y definitiva, reclamó su victoria.

Finalmente, el sábado 1 de agosto de 1959, en un hospital de Clermont-Ferrand, el destino cobró su última deuda. A los 36 años, Ivor Bueb exhaló su último aliento, dejando tras de sí una estela de hazañas y un legado escrito en las llamas de la velocidad.

Los motores seguirían rugiendo, las carreras continuarían, pero el vacío de su ausencia jamás podría llenarse. Se fue como vivió: desafiando los límites, con el fuego de la competición ardiendo en su sangre. Y aunque su vida se apagó en aquella habitación de hospital, su nombre seguiría resonando en cada curva, en cada grito del viento sobre los circuitos donde la gloria y la tragedia van siempre de la mano.

Hoy, Ivor Bueb descansa en la quietud eterna de Manor Park Cemetery and Crematorium, en Forest Gate, en el corazón del London Borough of Newham. Bajo el cielo de Gran Londres, su legado sigue vivo, no en el mármol frío de su tumba, sino en el rugido de los motores, en la valentía de quienes desafían la velocidad, en cada curva tomada con el alma en llamas.

Su historia no terminó aquel 1 de agosto de 1959; simplemente tomó una nueva forma. En cada circuito, en cada carrera donde un piloto empuja los límites del destino, resuena el eco de su espíritu indomable. Porque los verdaderos corredores nunca mueren, solo aceleran hacia la eternidad.

Jean Behra (16.02.1921 – 01.08.1959)

«Un hombre cuya pasión por la velocidad no conoció límites, enfrentó cada curva con el coraje de un gladiador, desafiando la muerte con cada aceleración, dejando su alma en la pista y su huella imborrable en la historia del automovilismo»

Nacido en la deslumbrante ciudad de Niza, en el corazón de la Riviera francesa, en aquel lejano febrero de 1921, su destino parecía marcado por la velocidad y el riesgo. Desde su juventud, un fuego inextinguible por las motocicletas ardía en su interior. A los 16 años, en 1937, se lanzó por primera vez a la competencia, pero fue después de la devastación de la Segunda Guerra Mundial cuando su verdadero ascenso comenzó. Con 27 años, en 1948, se coronó campeón de Francia, y no sería un triunfo aislado: conquistaría el Campeonato Francés de Motociclismo en cuatro ocasiones más, mientras su camino en el automovilismo ya empezaba a forjarse, sobre todo con la legendaria Moto Guzzi.

Su primera gran batalla en cuatro ruedas no tuvo lugar en un circuito convencional, sino en la imponente subida a Mont Ventoux, una prueba que separa a los hombres de las leyendas. Allí, a los mandos de un Maserati 4CLT inscrito por el misterioso Pierre Boncompagni, quien competía bajo el seudónimo de «Pagnibon», se lanzó a la conquista de la montaña. Ambos compartieron la máquina, pero fue Behra quien se alzó con la victoria en la categoría de gran cilindrada, dejando a su compañero en el segundo puesto. Aquel día, no solo venció; selló su nombre en la historia de la velocidad.

Pero lo más grandioso aún estaba por escribirse. No solo conquistó su categoría en la mítica subida a Mont Ventoux, sino que se elevó hasta el podio absoluto, terminando tercero en la clasificación general, solo por detrás de los formidables Gordinis de fábrica pilotados por Maurice Trintignant y Robert Manzon.

Su audaz destreza al volante no pasó desapercibida. Amédée Gordini, el visionario constructor que moldeaba campeones, quedó fascinado por aquel piloto indomable. Dos años más tarde, decidió abrirle las puertas de su equipo, confiándole una oportunidad entre sus hombres de confianza. Durante tres temporadas, Behra domó las máquinas azules de Gordini, afinando su instinto, desafiando los límites y forjando su nombre entre la élite.

El destino, sin embargo, tenía planes aún más ambiciosos para él. En 1955, llegó la llamada que todo piloto anhelaba. Maserati, la legendaria casa italiana, le ofrecía un asiento, un desafío supremo, una ruta directa hacia la grandeza.

En el traicionero Dundrod TT de 1955, Jean Behra fue visto desafiando la gravedad en la horquilla del legendario circuito irlandés. Su osadía, sin embargo, estuvo a punto de costarle la vida. Más tarde, sufrió un brutal accidente en el que su coche volcó y se deslizó violentamente por la carretera. En aquel fatídico instante, perdió una oreja, pero no su espíritu indomable.

Una vez más, Behra desafió las adversidades y emergió más fuerte. Su temple impasible lo llevó a conquistar tres victorias en Grandes Premios no oficiales, dejando claro que estaba listo para enfrentarse a los gigantes de la Fórmula 1. La prueba definitiva llegó en el mítico Gran Premio de Mónaco, donde se alzó contra la imponente armada plateada de Mercedes-Benz. Durante los entrenamientos, su destreza quedó demostrada al marcar el quinto mejor tiempo, solo superado por leyendas como Fangio, Ascari, Moss y Castellotti.

La carrera, sin embargo, no fue un camino fácil. En un giro del destino, se vio obligado a detenerse en boxes para ceder su máquina a Cesare Perdisa. Pero Behra no se rindió. Regresó a la pista con un nuevo propósito, solo para que el embrague traicionero sellara su destino antes de ver la bandera a cuadros. A pesar de ello, su esfuerzo no fue en vano: compartió con Perdisa el honor del tercer puesto, dejando claro que su lugar estaba entre los mejores.

La temporada de 1956 vio a Jean Behra elevarse como un verdadero contendiente al trono de la Fórmula 1. Con una determinación férrea y un talento indiscutible, se abrió paso entre los grandes del automovilismo, logrando cinco podios que lo consolidaron como un serio aspirante al título mundial.

Desde el comienzo del campeonato, dejó claro que estaba dispuesto a luchar. En la carrera inaugural, el Gran Premio de Argentina, desafió el abrasador calor y las máquinas más temibles de la parrilla para cruzar la meta en una brillante segunda posición. Pero su hambre de gloria no se detuvo ahí. Subió al podio en cuatro ocasiones más (11), con terceros puestos en circuitos de leyenda: Mónaco, Francia, Gran Bretaña y Alemania.

Cada curva, cada recta, cada adelantamiento fue una batalla en su guerra por el campeonato. Y aunque al final de la temporada no logró la corona, cerró el año en un admirable cuarto lugar en la clasificación general, su mejor actuación en un mundial de Fórmula 1 hasta ese momento. Behra no solo había demostrado su valía; había dejado claro que su lucha por la gloria aún no había terminado.

El año 1957 marcó el final de la era de Jean Behra con Maserati en la Fórmula 1. Aunque la temporada no brilló con el mismo fulgor que la anterior, aún dejó destellos de su talento indomable. En la cita inaugural, el Gran Premio de Argentina, volvió a demostrar su maestría al cruzar la meta en un meritorio segundo puesto. Sin embargo, la competitividad de su máquina no estuvo a la altura de sus ambiciones.

Y Behra no era un hombre que aceptara la mediocridad. En su mente, solo existía un destino: la gloria. Ser campeón del mundo no era un sueño, sino una obsesión ardiente que lo consumía. Estaba dispuesto a todo, incluso a pagar el precio más alto. Por ello, en 1958, tomó una decisión arriesgada y firmó con el equipo BRM, la Owen Racing Organisation, con la esperanza de encontrar el arma definitiva para su asalto al título.

Jean Behra en la izquierda de la imagen, junto al equipo Porsche, posando en una campaña publicitaria de los zapatos Autoped de Sioux, en 1958. Autor: Sioux GmbH, CC BY-SA 4.0, via Wikimedia Commons

Aquella temporada resultó ser un desafío mayor de lo esperado. Solo logró un tercer puesto en el exigente circuito de Zandvoort, donde la arena y el viento forjaban pilotos de acero, y un cuarto lugar en la implacable pista de Boavista (11), en Portugal. La máquina no estuvo a la altura de su hambre de victoria, pero Behra jamás dejó de pelear. En su interior, la llama de la ambición seguía ardiendo, esperando el momento de encender su última gran batalla.

Ese mismo año, Jean Behra amplió su horizonte más allá de la Fórmula 1 y se unió a Porsche para disputar carreras de autos deportivos. Al mando del ágil y poderoso RSK, se embarcó en la conquista del desafiante Campeonato Europeo de Montaña, donde las cumbres se convertían en escenarios de gloria y peligro a partes iguales.

Sin embargo, el azar le tenía reservada una oportunidad inesperada. Hacia el final de la temporada, su nombre apareció en la lista de inscritos para el Gran Premio de Venezuela, no con Porsche, ni con BRM, sino con Ferrari. La *Scuderia Madunina Venezuela*, fundada por el propio mánager de Juan Manuel Fangio, le confió el volante de un Ferrari 250GT, marcando así su primera incursión con la mítica escudería italiana.

Y Behra no desaprovechó la ocasión. Con el temple de un guerrero y la furia de un piloto decidido a triunfar, se lanzó a la pista y dominó la carrera de principio a fin. No solo venció; lo hizo de manera contundente, dejando claro que su talento no tenía límites. Aquella victoria no fue solo un triunfo más en su carrera, sino un presagio de que su designio y el Cavallino Rampante estaban a punto de entrelazarse en una nueva y electrizante etapa.

Fue en este período cuando Jean Behra recibió la llamada que todo piloto soñaba: la oportunidad de conducir para la legendaria *Scuderia Ferrari*. Firmó con el equipo para la temporada de 1959, formando dupla con el inglés Tony Brooks, reemplazando a los caídos Peter Collins y Luigi Musso, quienes habían perdido la vida en trágicos accidentes el año anterior.

Gran Premio de los Países Bajos en el circuito de Zandvoort: Jean Behra lidera con un Ferrari Dino, seguido por Graham Hill (Lotus) y Stirling Moss (Cooper). Fuente: Nationaal Archief, CC0

Pero desde el principio, la relación dentro del equipo se tornó tensa. Behra, el francés rudo y aguerrido, contrastaba con Brooks, más refinado y metódico. Sin embargo, lo que realmente encendió la chispa del conflicto fue la decisión de Enzo Ferrari de no designar un líder claro dentro de la escudería. Behra, acostumbrado a la lucha y siempre hambriento de victorias, no soportó la incertidumbre.

Su frustración fue creciendo en las sombras, alimentada por la sensación de que Ferrari no le brindaba un trato justo. Y todo estalló en el Gran Premio de Francia de 1959. En plena carrera, su máquina falló; un pistón defectuoso lo dejó fuera de combate, y su furia no pudo contenerse. Indignado, acudió al corresponsal de carreras del prestigioso diario «L'Équipe» y descargó su frustración sin filtros: acusó a Ferrari de

180

haberle dado un auto deficiente, con un chasis inestable y un motor anticuado.

Al día siguiente, sus palabras estaban impresas en tinta para que el mundo entero las leyera. Cuando Enzo Ferrari vio el artículo, no dudó un segundo. Llamó personalmente al manager del equipo, Romolo Tavoni, exigiendo respuestas. La tormenta dentro de Ferrari estaba a punto de desatarse.

El poder de Enzo Ferrari no tenía límites, y al sentirse desafiado públicamente por Behra, no tardó en exigir una disculpa inmediata. Tavoni, enviado por Enzo, quería que el francés retractara sus duras palabras y corrigiera sus declaraciones en la prensa. Behra, sin embargo, se mantuvo firme en su postura y propinó una bofetada al manager del equipo Romolo Tavoni (33). La solicitud de disculpas cayó en saco roto.

Ante la negativa rotunda de su piloto, Enzo, furioso pero calculador, convocó a Behra a las oficinas de Maranello. Era un encuentro inevitable, donde la tensión estaba a punto de alcanzar su punto máximo. Cuando Behra llegó, Ferrari no perdió tiempo en imponer su voluntad. Informó a un periódico italiano y a un periodista francés que se hallaban presentes, que el piloto debía retractarse públicamente de sus palabras. Ferrari esperaba que Behra cayera ante su autoritarismo, pidiendo perdón por la afrenta.

Pero Behra no cedió. Con la misma obstinación que lo había caracterizado en su carrera, se negó de manera rotunda a pedir disculpas, aún frente a la presión mediática que se desató en Maranello.

La escena estaba a punto de volverse aún más amarga. Enzo, sin más reparos, tomó el teléfono y llamó a su contable. Con una fría calma, le ordenó revisar las cuentas de Behra. Mientras el contable hacía los cálculos, Ferrari ya había tomado su decisión: liquidar las deudas con el piloto y despedirlo de manera fulminante. No había lugar para desobediencia en la casa Ferrari, y el sueño de Behra en Maranello llegaba a su fin de manera abrupta y humillante.

El destino, tan caprichoso como cruel, tenía preparado un giro final para Jean Behra. Semanas después de la amarga ruptura con Ferrari, el temperamento del francés lo llevó a buscar la revancha de la manera más poderosa que conocía: a través de la velocidad. Se presentó en el Gran Premio de Alemania de 1959 con su flamante Porsche, ahora conocido como el Behra Porsche, decidido a demostrarle a Enzo Ferrari y al mundo que su pasión por la competencia no podía ser derrotada. Su deseo de ganar, de vencer a toda costa, lo impulsaba hacia adelante con una furia cegadora.

Pero el día anterior al inicio del Gran Premio, en el circuito de Avus, se celebraba una carrera secundaria, una de esas competiciones que usualmente no captaban la atención de los grandes nombres. Sin embargo, para Jean Behra, ninguna oportunidad de competir era pequeña. Su obsesión por ganar lo empujó a inscribirse en esa carrera de relleno, a pesar de las advertencias.

Fue en esa decisión, en esa necesidad insaciable de estar en la pista, donde se selló su senda. El sábado 1 de agosto de 1959, durante una de las vueltas de la carrera en Avus, el Porsche de Behra se descontroló de manera inexplicable. El coche levantó el vuelo en un giro fatal y aterrizó de forma brutal contra un mástil situado fuera del trazado, ondeando la bandera alemana en su cima. El impacto fue letal. Jean Behra, en ese instante, perdió la vida.

El temperamento feroz de Behra, su ambición sin límites, y su constante lucha por la victoria lo llevaron a enfrentar su destino con una valentía que solo los grandes guerreros poseen. Pero el 1 de agosto de 1959, la tragedia de la velocidad lo reclamó de manera implacable. La historia de Behra, llena de gloria y frustración, terminó de manera abrupta en una pista que lo vio luchar hasta el último aliento.

Jean Behra fue, sin lugar a dudas, un piloto único. Un hombre cuya pasión por la velocidad no conocía límites, que enfrentaba cada curva de la vida con el mismo coraje con el que se lanzaba a la pista. Su imagen, marcada por las cicatrices de una carrera llena de adversidades, se convirtió en un símbolo de la tenacidad y la resiliencia. En 1959, unas semanas antes de su fatal desenlace, en un acto casi rebelde ante la muerte misma, se dejó fotografiar sonriendo, exhibiendo las huellas físicas de su sacrificio, esas marcas que contaban la historia de sus innumerables batallas en la pista. Cada lesión, cada cicatriz, era una medalla de honor ganada con sudor y sangre, incluida la ausencia de su oreja, perdida en el accidente de 1955.

Behra no solo era un piloto; era un gladiador moderno, un hombre que se entregaba por completo a su pasión, sin importar el precio a pagar. Su carácter, feroz y desafiante, lo convirtió en una figura fascinante, casi mitológica, que no pedía perdón ni se arrepentía de nada. En la pista, no existía el miedo, solo el deseo de vencer, de dejar su huella en la historia del automovilismo.

Y cuando su vida llegó a su trágico fin el 1 de agosto de 1959, no lo hizo en un cómodo retiro o en el silencio del olvido. Murió como había vivido: con coraje, desafiando a la muerte en la arena de un coliseo moderno, donde solo los más valientes se atreven a luchar. Jean Behra, el piloto que nunca se rindió, dejó su legado como un ejemplo eterno de lo que significa ser un verdadero guerrero del asfalto.

Jean Behra está enterrado en el cementerio de La Montagne de Saint-Jean, en la ciudad de Niza, su ciudad natal, en la Riviera francesa. Su tumba, modesta pero significativa, guarda la memoria de un piloto que vivió y murió por la velocidad, dejando una marca imborrable en la historia del automovilismo. Su legado sigue siendo recordado por los fanáticos de las carreras, que lo consideran uno de los grandes guerreros de la pista, aunque su vida fue trágicamente corta.

Ettore Chimeri (04.06.1921 – 27.02.1960)

«Un espíritu indomable, forjado entre dos mundos, que desafió los límites de la velocidad y se abrió paso en un campo dominado por los gigantes, solo para ser truncado por el destino en la cúspide de su sueño»

Nació en Lodi, una ciudad lombarda del antiguo Reino de Italia, en un tiempo marcado por la tensión de los años previos a la Segunda Guerra Mundial. De espíritu indomable, su juventud fue marcada por la bravura y el sacrificio. Durante la campaña de África del Norte, sirvió con honor en el Escuadrón 73 de la Aeronáutica Real Italiana, donde los cielos se convirtieron en su campo de batalla, y el rugir de los motores y el silbido de las balas marcaron su vida de manera indeleble.

Sin embargo, el destino tenía otros planes para él. A una edad temprana, su familia cruzó el océano en busca de un nuevo hogar, llegando a Venezuela, donde la tierra de promisión lo acogió. En ese país, Chimeri forjó su leyenda, y fue en las tierras venezolanas donde se formó como deportista. Con el tiempo, su alma de competidor lo llevó a alcanzar la gloria en el automovilismo, representando a su nueva patria con orgullo en competiciones internacionales.

Fue así como, al obtener la ciudadanía venezolana, se convirtió en el primer piloto de este país en competir en la mítica Fórmula 1, llevando el nombre de Venezuela más allá de las fronteras, y dejando una huella imborrable en la historia del automovilismo mundial. Su legado, nacido en la guerra y forjado en la velocidad, continúa vivo en la memoria de aquellos que vieron en él una representación del coraje, la tenacidad y la pasión por la victoria.

En 1955, el valiente Ettore Muro Chimeri se enfrentó a su destino en el primer Gran Premio de Venezuela de autos sport, que tuvo lugar en el circuito del Paseo Los Próceres, en Caracas. A bordo de su Ferrari 500 Mondiale, Chimeri se lanzó con arrobo a la batalla, pero su ambición chocó contra los implacables elementos de la mecánica, obligándolo a abandonar a mitad del recorrido. Pero como todo relato épico, las historias más grandiosas a menudo se forjan en la adversidad. En esa misma contienda, el nombre de Juan Manuel Fangio, el inmortal tricampeón mundial de Fórmula 1, resonó en los oídos de los asistentes, pues fue él quien se alzó con la victoria, reafirmando su supremacía sobre la pista.

En mayo de 1958, su nombre resonó en las pistas de la velocidad, al obtener la victoria en el prestigioso Premio Ciudad de Valencia a bordo de su Ferrari 250 GT. Un mes después, su destreza se hizo aún más evidente cuando conquistó la exigente Vuelta Aragua-Maracay. Pero no se detuvo allí. En noviembre, en el Gran Premio de Venezuela, en la categoría de automóviles deportivos, Chimeri dejó su huella al concluir en un meritorio séptimo lugar, demostrando que el verdadero espíritu de un campeón no entiende de límites.

Era, sin lugar a dudas, un hombre singular. Se cuenta que durante las clasificatorias de Sebring en 1959, detuvo su Maserati en un humilde puesto de hot dogs. Una hora después, al retomar la marcha, se dio cuenta de que aún era más veloz que Roger Ward al volante de su Kurtis Kraft. Sin embargo, el destino fue implacable: fue descalificado y no pudo tomar parte en la tan ansiada carrera.

En el año de 1959, decidió alquilar un Ferrari 250 (0726) a Lino Fayen, un vehículo que no solo le permitiría rodar sobre el asfalto ardiente de Nassau, sino también desafiar las propias leyes del tiempo y la mecánica. En la imponente Nassau Speed Week, su nombre se destacó entre los ecos del rugido de los motores: logró el cuarto puesto en los Ferrari Classics, conquistó la Handicap Race con la fiereza de un gladiador y se adentró en la disputa de la Governor's Trophy, donde cruzó la meta en un respetable decimocuarto lugar, dejando en su estela la huella indeleble de un hombre dispuesto a desafiar los límites.

Más tarde, el destino le otorgaría una sorprendente oportunidad a Chimeri. En un giro que parecía sacado de las crónicas más míticas, adquirió el legendario Maserati 250F con el que Fangio alcanzó la gloria en 1957. Por una suma modesta de 7000 bolívares, el Maserati que había sido testigo de los triunfos del maestro argentino, pasaba a ser parte de la colección de Chimeri. Este coche, que había marcado la historia de la Fórmula 1, se convertiría en el fiel compañero de Ettore en su efímero paso por la categoría.

Pero fue en 1960 cuando los vientos del destino lo arrastraron hacia la legendaria serie Temporada[9], un desafío reservado solo para aquellos con el temple de los elegidos. En el ardiente asfalto del Gran Premio de Argentina de Fórmula 1, bajo un sol implacable que abrasaba la pista y consumía a los pilotos, se lanzó a la batalla con la fiereza de un guerrero. Sin embargo, el azar, siempre caprichoso, le tendió una emboscada cruel. La deshidratación, como un enemigo invisible, drenó su fuerza hasta que su cuerpo cedió, obligándolo a abandonar la contienda. Su carrera quedó truncada en ese instante, como si el universo mismo hubiera decidido poner a prueba su voluntad. Pero no era un hombre que se doblegara ante la adversidad. La derrota solo avivó la llama de su espíritu indomable.

En el Gran Premio de Buenos Aires de Fórmula Libre del 14 de febrero de 1960, una prueba no puntuable para el Campeonato de Fórmula 1, Ettore Chimeri se enfrentó no solo a sus rivales, sino también al desgaste de su Maserati 250F, un auto que ya muchos consideraban una reliquia del pasado. A pesar de los esfuerzos de Chimeri, el envejecimiento del coche terminó pasando factura, y finalmente no pudo terminar la carrera debido a problemas mecánicos.

Apenas, dos semanas después, la pasión por la velocidad lo llevó hasta La Habana, para participar en el Gran Premio Libertad, un evento de automóviles deportivos celebrado en Cuba a finales de los años 50 y principios de los 60. Se organizaba en honor a la Revolución Cubana y

---

[9] La serie Temporada fue un conjunto de carreras de Fórmula 1 y otras categorías que se celebraban en Sudamérica durante el verano austral, especialmente en Argentina, Brasil y Uruguay, entre las décadas de 1940 y 1960.

formaba parte de una serie de competiciones que buscaban continuar con la tradición de las carreras internacionales en la isla, tras la desaparición del Gran Premio de Cuba en 1958.

Este evento de 1960 se llevó a cabo en el circuito de Camp de Peralta, cerca de La Habana, e incluyó varias carreras, entre ellas la Copa del Gobernador y que, durante los entrenamientos previos, la muerte realizó una visita inesperada.

Ettore, había regresado a su amada máquina, el Ferrari 250 Testa Rossa, un poderoso corcel que había alquilado nuevamente de manos de Lino Fayen, dispuesto a luchar con el mismo fervor que siempre lo caracterizó. Pero los días previos a la carrera no fueron bondadosos con él. En los entrenamientos, el motor del destino parecía negarle la gloria, pues, aunque su alma de corredor ardía con la misma intensidad, no lograba el rendimiento esperado.

El 27 de febrero de 1960, un día antes de la gran cita, mientras el sol caía sobre La Habana con su luz dorada, la llamada divina le tenía preparada una tragedia sin piedad. En la larga recta de la pista, el control de su Ferrari Testa Rossa se le escapó de las manos. El coche, en un furioso desliz, salió disparado fuera de la ruta, golpeó un terraplén con un estrépito mortal y, finalmente, se precipitó hacia un barranco oscuro y profundo.

El cuerpo de Ettore Muro Chimeri fue expulsado del vehículo como un héroe caído en el campo de batalla. Herido de gravedad, su vida pendió de un hilo. En un último suspiro de esperanza, fue trasladado en helicóptero al hospital, pero la sombra de la muerte ya lo había reclamado. Esa misma tarde, la vida de Chimeri se extinguió, dejando atrás un vacío de sueño y velocidad.

El Ferrari, en cambio, quedó destrozado, un reflejo de la furia de aquel designio que siempre estuvo dispuesto a desafiar. Su cuerpo de acero y gasolina fue dejado en el lugar del accidente, sin posibilidad de ser restaurado. Fayen, con el corazón pesado, consideró que el coche no valía la pena ser resucitado. Y así, el Ferrari permaneció allí, como una reliquia inerte, hasta 1963, cuando finalmente fue retirado y abandonado en un desguace militar cubano, como un eco lejano de una era que se desvanecía entre el polvo y el olvido.

Chimeri, con su inmutable deseo de conquistar la cúspide del automovilismo mundial, había hecho historia al convertirse en el primer venezolano en debutar en el venerado Mundial de Fórmula 1. Un hito que resonó en los corazones de todos aquellos que soñaban con ver a su país brillar en las pistas más desafiantes y prestigiosas del planeta. Su presencia en la Fórmula 1 representaba más que una victoria personal: era un símbolo de valentía y de la capacidad de un hombre para desafiar sus propios límites en el colosal escenario del automovilismo internacional.

Su accidente en La Habana no solo le arrebató la oportunidad de seguir compitiendo en la Fórmula 1, sino que también apagó la llama de un talento prometedor que podría haber dejado una huella imborrable en la historia del automovilismo mundial. Sin embargo, su nombre quedó marcado como el primer venezolano en tomar parte en la lucha más feroz del automovilismo, una prueba de su audacia y coraje, que sigue siendo recordada como un símbolo de esperanza para futuros pilotos de su tierra.

Harry Schell (29.06.1921 – 13.05.1960)

«Entre el rugir de los motores y la fragilidad humana, se desafió el destino,
buscando la gloria en cada curva y dejando una huella eterna en el tiempo»

Nació bajo el manto de la majestuosa París, donde el viento parecía susurrar promesas de grandeza. Su linaje era tan venerado como enigmático, una mezcla de sangre noble y espíritu indomable. Hijo de Laury Schell, un expatriado estadounidense cuyo coraje le llevó a enfrentarse a la pista en contadas ocasiones, y de Lucy O'Reilly Schell, una heredera estadounidense cuya pasión por los motores era tan ardiente como su ambición, el joven estaba destinado a desafiar los límites de la velocidad. Lucy, con su mirada visionaria, no solo fundó su propio equipo, sino que se lanzó al asfalto junto al valiente piloto judío René Dreyfus, trazando una senda de valentía que quedaría grabada en los anales del automovilismo. Esa estela de audacia, marcada por el sacrificio y la gloria, se extendió inexorablemente hacia su hijo, quien, desde su más tierna infancia, parecía haber nacido con el destino de dejar su huella indeleble en la historia de la velocidad.

Pero el sendero hacia la grandeza nunca estuvo exento de sombras. Justo antes de que el mundo sucumbiera al rugido de la guerra, un destino cruel asoló su vida. En un trágico accidente de tráfico, la muerte le arrebató a su padre, dejando a su madre al borde de la vida. En el fragor de aquel caos, el joven Schell fue arrancado de su tierra natal y, en 1940, encontró refugio en el vasto horizonte de los Estados Unidos. Fue allí, en la tierra de las oportunidades, donde asumió el legado de su madre, tomando las riendas del mítico equipo Écurie Bleue, con el alma ardiente de un hombre decidido a honrar el sacrificio y la visión de aquellos que lo habían precedido.

Con el espíritu de un guerrero y la velocidad corriendo por sus venas, se enfrentó a la dura arena de las legendarias 500 Millas de Indianápolis, donde su nombre comenzó a forjarse en la fragua del destino. Pero su coraje no solo se desplegó en las pistas. El rugir de los motores no era el único eco en su vida. En las heladas tierras de Finlandia, luchó con valentía en la Fuerza Aérea durante la Guerra de Invierno de 1939, y, como si el llamado del combate fuera una extensión natural de su ser, se alistó en el Cuerpo de Tanques de los Estados Unidos, abrazando su sino con la misma determinación que un piloto enfrenta una curva traicionera. Así, el joven Schell se erigió como un hombre forjado no solo por la velocidad, sino por la guerra, el sacrificio y una voluntad que desafiaba los límites de lo posible.

Tras la devastación de la guerra, cuando las cicatrices del conflicto aún marcaban la tierra, Schell se sumergió en la efervescente París posbélica, una ciudad que renacía de sus cenizas. Allí, en el bullicio de la reconstrucción, abrió l'Action Automobile, un bar deportivo donde se tejían nuevas leyendas y se forjaban las historias de los audaces que se atrevían a soñar. Entre copas y risas, se fraguaban las aventuras de un hombre cuyo espíritu indomable ya no encontraba fronteras.

Pero el destino, siempre caprichoso y lleno de sorpresas, aún tenía más reservado para él. Aquella alma inquieta, que siempre ansiaba más, halló su lugar en la historia naciente de la Fórmula 1. En un giro que cambiaría el curso de su vida y de la competición, Harry Schell se convirtió en el primer estadounidense en desafiar las duras curvas del renombrado campeonato. Con su nombre grabado en las parrillas de salida, no solo representaba a su país en tierras extranjeras, sino que, con cada vuelta, dejaba una huella indeleble en la historia de la Fórmula 1. Su esfuerzo y su pasión lo elevaron, aunque su legado, tan importante como olvidado por la memoria colectiva, se desvaneció en las sombras del tiempo. Así, sin gloria rimbombante ni honores grandiosos, Schell se convirtió en un pilar fundamental, una pieza clave de la historia que pocos recuerdan, pero cuyo impacto perdura en los vientos que rugen en los circuitos.

Su primera incursión en el templo de la velocidad, la Fórmula 1, no fue más que una tragedia anunciada. En Montecarlo, aquel escenario tan grandioso como implacable, debutó con un Cooper en una jornada que se convertiría en el primero de muchos desafíos. En la temida *chicane* del puerto, el caos se desató cuando su coche se estrelló, arrastrando consigo a la mayoría del pelotón y, con ello, destruyendo las ilusiones de muchos. Sin embargo, hasta ese fatídico instante, Schell había demostrado una destreza indiscutible, un coraje que, aunque no se tradujo en victoria, sí revelaba a un hombre dispuesto a desafiar la muerte en cada curva. Este accidente fue solo un reflejo de su carrera: a pesar de no conseguir la gloria suprema, su nombre se forjó en la pista, envuelto no solo por el rugir de los motores, sino por las leyendas de su carácter extrovertido y su fama como mujeriego, que nunca le permitió pasar desapercibido.

Pero como los verdaderos héroes, nunca se rindió. Con el paso de los años y la experiencia ganada, comenzó a pilotar coches de mayor competitividad, lo que le permitió comenzar a dejar su marca en la historia de la Fórmula 1. Fue en 1956 cuando su destreza se recompensó por primera vez con un puesto en los puntos, al finalizar cuarto en el Gran Premio de Bélgica. El eco de su nombre resonó aún más fuerte en 1957, cuando ascendió al podio, alcanzando el tercer lugar en el Gran Premio de Pescara.

El fatídico accidente de Alfonso de Portago, gran amigo suyo, marcó un antes y un después en la vida de Harry Schell. Fue un punto de inflexión que lo obligó a enfrentarse a la realidad de la fragilidad humana y a reconsiderar sus prioridades. La tragedia de su amigo y compañero piloto le dejó una huella profunda, despertando en él una nueva conciencia sobre los riesgos que acechaban a los hombres que, como él, se entregaban por completo al vértigo de la velocidad. Impulsado por ese doloroso recordatorio de la vulnerabilidad, Schell se lanzó en busca de coches de carreras cada vez mejores, de máquinas más seguras y capaces de ofrecerle una oportunidad real de luchar por la gloria sin caer en los abismos del peligro extremo.

Pero la tragedia también le enseñó una lección crucial que iría más allá de la pura competencia: la seguridad. Inspirado por la experiencia de Portago y por las innovaciones ya adoptadas en los autos de carreras de Estados Unidos, Schell se convirtió en un ferviente defensor de la adopción de barras antivuelco en los monoplazas europeos, un dispositivo de seguridad que ya era estándar en los coches de la USAC, pero que aún no había sido implementado en las competiciones europeas.

Gran Premio de los Países Bajos en el circuito de Zandvoort (26 de mayo de 1958): Harry Schell (número 15) luchando por el segundo puesto con Stuart Lewis-Evans. Fuente: Nationaal Archief, CC0

En 1958, su destreza volvió a brillar al lograr un meritorio segundo puesto en el Gran Premio de los Países Bajos, un logro que lo consolidó como un hombre de temple, capaz de enfrentar las mejores máquinas y pilotos del mundo. Pero su legado no se limitó a los circuitos de Fórmula 1. Las 12 Horas de Sebring también fueron testigos de su indomable espíritu, dejando una huella imborrable en el corazón de las carreras de resistencia. Así, aunque su nombre nunca alcanzó la grandeza de otros, Harry Schell forjó un legado que perduró, impulsado por su valentía, su pasión y su insaciable deseo de ser parte de la historia.

Uno de los capítulos más fascinantes y épicos de su carrera tuvo lugar en la legendaria *Carrera de los dos Mundos*, una carrera exhibición celebrada en el histórico circuito de Monza, donde se desató un choque de titanes. La competición reunía a equipos de la USAC, la prestigiosa liga estadounidense, y a los equipos de la Fórmula 1 europea, en una confrontación que prometía decidir, en el rugir de los motores y el sudor de los pilotos, quién se llevaría la gloria. En 1958, Schell fue uno de los tres valientes pilotos estadounidenses que se atrevieron a competir en la división de Fórmula 1. Frente a él, otros dos compatriotas, Masten Gregory y Phil Hill, luchaban por el mismo honor. Juntos, se enfrentaron en un duelo sin igual, en el que la rivalidad era feroz, pero el respeto mutuo se mantenía intacto.

A pesar de los recuerdos amargos de su accidentado debut, Harry Schell logró ganarse, poco a poco, la admiración de sus rivales. En el circo de la velocidad, su nombre comenzó a resonar no solo por su destreza al volante, sino también por su sabiduría y templanza. Era un competidor prudente, pero con un corazón ardiente que sabía cuándo apretar y cuándo dejar respirar al motor. Su verdadero legado, sin embargo, iba más allá de las victorias y los trofeos. Schell se destacó, con una pasión que solo los grandes poseen, por su lucha incansable en favor de la seguridad de los pilotos, una causa que, a lo largo de su carrera, se fue convirtiendo en su bandera. Abogó por la creación de equipos de seguridad que pudieran proteger a los hombres que, como él, se lanzaban al abismo del peligro. Sus esfuerzos fueron pioneros, una semilla de conciencia que, con el tiempo, salvaría incontables vidas y cambiaría el destino de generaciones de pilotos. Así, Harry Schell no solo fue un competidor en las pistas, sino un verdadero precursor de la seguridad, un héroe cuya influencia perduró mucho después de que los motores se apagaran.

A medida que 1960 avanzaba, las sombras de la edad comenzaron a alargarse sobre Harry Schell, quien ya dejaba atrás sus años dorados en el automovilismo, tras competir durante una década en el Campeonato Mundial de Fórmula 1. Con casi 40 años, el rugir de los motores ya no sonaba tan fuerte en sus oídos, y las perspectivas de éxito comenzaban a desvanecerse como el humo al viento. Sin embargo, su espíritu indomable no estaba dispuesto a ceder sin luchar. En un último acto de desafío, y evocando el nombre de su madre y su legado, Écurie Bleue, decidió tomar las riendas de un Cooper privado para competir en el Campeonato Mundial de Fórmula 1, intentando devolver a la gloria a un nombre que ya se había forjado en las páginas de la historia.

La temporada comenzó de forma poco prometedora. En Argentina, la primera prueba del año, su participación terminó en abandono, una señal de que el destino ya no le sonreía. Pero lo que parecía ser simplemente un tropiezo en su último intento de gloria se tornó rápidamente en algo más sombrío. La lucha contra el paso del tiempo, las dificultades técnicas y el inclemente desafío de competir contra pilotos más jóvenes y enérgicos, le mostraron que su tiempo en las pistas estaba llegando a su fin. La esperanza de resurgir, como el fénix del automovilismo, se desvaneció aún más a medida que la temporada avanzaba, dejando a Schell enfrentando la cruda realidad de que su capítulo en la Fórmula 1 estaba cerrándose, quizás de una forma más silenciosa de cómo había comenzado.

Durante los entrenamientos para el evento no puntuable del International Trophy en Silverstone, la tragedia se desató de manera inesperada. En plena curva Abbey, Schell, aquel hombre que había vivido al límite de la velocidad, conducía a casi 160 km/h, desafiando las leyes de la física con cada giro. Pero el destino, siempre cruel y caprichoso, lo acechaba. Su coche, en un instante fugaz, patinó sobre el asfalto mojado y se deslizó hacia el barro, fuera de control. La rueda delantera derecha se desprendió con un estruendo, y en un abrir y cerrar de ojos, el Cooper de Schell se elevó, dando varias vueltas en el aire como una cometa rota, antes de atravesar una barrera de seguridad y estrellarse contra un muro de ladrillos.

En ese momento, el hombre que había desafiado la muerte tantas veces, se vio a merced de ella. Sin un arnés de seguridad que lo protegiera, Schell salió parcialmente despedido del vehículo, el viento y el caos de la carrera despojándolo de su última esperanza. Su cabeza, vulnerada por la brutalidad del impacto, golpeó contra la pared con una fuerza imparable. El sonido del cráneo rompiéndose contra el muro resonó en los rincones de la pista, y el piloto de ojos audaces y espíritu intrépido encontró su fin en ese mortal encuentro con el muro. Su cuello se fracturó al instante, segando su vida en una fracción de segundo. Así, en un último giro del destino, la vida de Harry Schell se extinguió de forma tan abrupta y cruel como había vivido: a toda velocidad, desafiante, pero con un desenlace fatal que nadie pudo prever.

Ken Gregory, dueño del equipo, rememoró aquel instante con una mezcla de asombro y dolor, un recuerdo que le perseguiría el resto de su vida. En una entrevista con Motorsport Magazine, compartió con voz cargada de emoción: «Ahí estaba, este gran hombre de pecho ancho, sin una marca en él, tendido en la mesa de autopsias. Lo más extraño, sin embargo, aparte del hecho de que nunca antes había estado cerca de un cadáver, ni siquiera lo había visto, era que podía jurar absolutamente que estaba sonriendo. Todavía puedo verlo ahora.» (34)

La imagen de su amigo y piloto, inerte y tranquilo, pero con una expresión en su rostro que desmentía la brutalidad de su final, se le quedó grabada en la mente como una visión surrealista. A pesar de la tragedia que se había desatado en la pista, algo en la serenidad de su semblante parecía transmitir una paz inalcanzable, como si, en su último suspiro, Schell hubiera aceptado la inevitabilidad de su destino con la misma valentía con la que enfrentaba cada curva. Aquella sonrisa, tan inexplicable como reconfortante, quedó como un símbolo de su indomable espíritu, un último gesto de coraje y aceptación que, aunque no visible para los demás, resonaba profundamente en el corazón de aquellos que lo conocían.

La lucha que mantuvo Harry por mejorar la seguridad en los coches de carrera no solo fue una batalla personal por la vida y la seguridad, sino también una contribución invaluable que, con el tiempo, salvaría muchas vidas y cambiaría la forma en que se concebían los riesgos en el automovilismo profesional. Así, Schell no solo dejó su huella en la pista, sino también en la evolución de la seguridad en el deporte, un legado de valentía y previsión que perduró mucho más allá de su última carrera.

Harry Schell, quien dejó su huella imborrable en la historia del automovilismo, falleció a los 38 años, a la edad en la que muchos pilotos de aquella época apenas comenzaban a alcanzar su máximo potencial. Su vida, tan llena de audacia y valentía, terminó de manera trágica en ese fatídico accidente en Silverstone, dejando atrás una carrera que, aunque no estuvo marcada por la gloria definitiva, sí fue una de lucha, pasión y perseverancia.

Hoy, su memoria reposa en el tranquilo Cimetière de Brunoy, ubicado en Brunoy, en el departamento de Essonne, en la región de Île-de-France, Francia. En este lugar de descanso eterno, lejos del bullicio de las pistas y el rugir de los motores, Harry Schell sigue siendo recordado como un hombre que desafió los límites de la velocidad, que defendió la seguridad de sus compañeros y que, a pesar de su destino trágico, vivió una vida plena, marcada por su valentía y su incansable búsqueda por la perfección.

Chris Bristow (02.12.1937 – 19.06.1960) & Alan Stacey (29.08.1933 – 19.06.1960)

«La gloria no reside en la duración de la vida, sino en la intensidad con que se desafía al destino, pues solo aquellos que se atreven a mirar al abismo hallan la verdadera eternidad»

En el ardiente fragor del automovilismo, donde la gloria y la tragedia bailan al filo de la velocidad, dos nombres emergieron con un brillo tan efímero como intenso: Christopher Bristow y Alan Stacey.

Bristow, nacido el 2 de diciembre de 1937, era hijo de un humilde dueño de garaje en Londres, pero su espíritu jamás conoció los límites de la mecánica ordinaria. Poseído por un ímpetu indomable, se ganó el apodo del hombre salvaje del automovilismo británico, pues allí donde competía, dejaba su sello de audacia y caos. Giros imposibles, colisiones espectaculares y una osadía sin freno forjaron su leyenda, convirtiéndolo en una fuerza tan impredecible como letal sobre el asfalto.

A su lado, otro destino se trazaba con similar arrojo. Alan Stacey, nacido en 1933 en las fértiles tierras de Essex, provenía de un linaje de agricultores, hombres forjados en la paciencia y el esfuerzo. Pero él no era como los suyos. Desde joven desafió los límites con la temeridad de quienes no temen perderlo todo. A los 17 años, una motocicleta le arrebató parte de su pierna derecha en un accidente que habría condenado a cualquiera a una vida de resignación. Pero Stacey no se dobló. Se alzó con una prótesis como estandarte de su desafío, y con ella corrió como si la velocidad misma le perteneciera.

Bristow, en 1956, domaba un MG Special, pero fue en el John Davy Trophy de 1959 donde su nombre se encendió con el fulgor de los elegidos. En Brands Hatch, en plena festividad de agosto, desafió y venció a gigantes como Roy Salvadori y Jack Brabham, doblegándolos con seis segundos de ventaja en la primera manga. Luego, en la segunda, con astucia de veterano, aceptó un tercer puesto, lo suficiente para sellar su victoria definitiva (35).

El destino le sonreía, y Porsche le abrió sus puertas para las 9 Horas de Goodwood. Allí, en una batalla frenética, acosó al Ferrari Testa Rossa oficial de Cliff Allison hasta que, en un giro cruel de ironía, su carrera quedó truncada por un accidente... con Alan Stacey.

Fue Tony Robinson, mecánico jefe del British Racing Partnership, quien vio en Bristow el fulgor de la grandeza. Cuando la ley divina arrebató la vida de Ivor Bueb en Clermont-Ferrand en 1959, Bristow tomó su lugar.

Y cuando llegó su gran momento en la Fórmula 1, en Mónaco 1960, desató el asombro. En su debut, marcó el tercer mejor tiempo en clasificación, igualando a su experimentado compañero Tony Brooks y a Jo Bonnier. Pero Ken Gregory, jefe de equipo, temeroso de la inexperiencia de su joven prodigio, optó por colocar a Brooks en la primera fila junto a Moss y Brabham. En la carrera, la transmisión de Bristow falló temprano, negándole su primera gesta en la élite.

Las fotografías capturaron la esencia de Bristow: la cabeza baja, devorando el asfalto en Goodwood y Spa; en dos ruedas en Mónaco, rozando el abismo; deslizándose en Zandvoort con la maestría de los audaces. Era un maestro del derrape en cuatro ruedas.

Mientras tanto, en otro rincón del mundo, Alan Stacey trazaba su propio camino entre la gloria y la adversidad. Tres años en las sombras del club racing forjaron su temple, hasta que en 1958 Lotus le confió un asiento en la Fórmula 1. Debutó en el Gran Premio de Gran Bretaña, y al año siguiente cruzó la meta en octavo lugar en la misma prueba. Pero la temporada de 1960 lo recibió con el látigo de la frustración: abandonos en Argentina, Mónaco y Holanda, donde marchaba tercero antes de que la mecánica lo traicionara. Su único consuelo antes de llegar a Spa era un cuarto puesto en el International Trophy de Silverstone (35).

Pero Stacey no solo era un piloto, era una anomalía viviente en la Fórmula 1. Su pierna ortopédica exigía soluciones ingeniosas: un acelerador de moto montado en la palanca de cambios le permitía hacer doble embrague con una destreza que desafiaba la lógica. A su lado, su mecánico Bill Bossom, que solo tenía un brazo, formaba con él un dúo que parecía sacado de una fábula improbable. Era una combinación extraña: un piloto con una pierna y un mecánico con un brazo. Innes Ireland, su compañero en Lotus y su gran amigo, solía divertirse desconcertando a un incrédulo Jim Clark, asegurándole que Stacey, en efecto, tenía una prótesis. En Rouen, en una escena casi cómica, logró engañar al médico en un examen físico, presentando la misma pierna para la prueba de reflejos.

Así eran Bristow y Stacey, dos almas rebeldes que se atrevieron a desafiar la lógica y a los dioses. Dos corredores que nunca pidieron permiso para soñar, que se lanzaron al abismo con la certeza de que el asfalto es solo un puente hacia la eternidad.

El sol se alzaba sobre el asfalto legendario de Spa-Francorchamps aquel fatídico fin de semana del 19 de junio de 1960. Los vientos de las Ardenas susurraban presagios oscuros entre los árboles que bordeaban el circuito. Era un campo de batalla, una catedral de la velocidad donde los valientes se enfrentaban no solo entre sí, sino contra el mismo designio.

Desde los entrenamientos, el circuito comenzó a reclamar tributo. Stirling Moss, el más audaz de su tiempo, vio su máquina traicionarlo en Burnenville, perdiendo una rueda y saliendo despedido hacia la desgracia. La gravedad del accidente quedó estampada en su cuerpo roto: nariz fracturada y las piernas quebradas. Mientras los pilotos acudían a socorrerlo, otra calamidad se reveló en la distancia. Mike Taylor había encontrado su propio destino en la curva Stavelot, cuando la dirección de su Lotus cedió y lo lanzó contra los árboles y por suerte sobrevivió.

Ajeno a los presagios de la pista, Jack Brabham desató su maestría en la sesión de clasificación, arrancando un tiempo de 3 minutos y 50 segundos con su Cooper-Climax, un registro casi imposible en los más de 14 kilómetros de aquel monstruo de asfalto. En ese escenario de gigantes, Christopher Bristow emergió con fuerza, sellando un meritorio noveno puesto en la parrilla, mientras Alan Stacey, aun batallando contra los elementos, se conformaba con la decimoséptima posición.

Cuando el día de la carrera llegó, el aire estaba cargado de tensión, como si los dioses de la velocidad aguardaran con ansias su sacrificio. La bandera cayó, y el rugido de los motores sacudió las colinas belgas. Bristow, encendido por la batalla, se lanzó en una lucha encarnizada por la sexta posición contra los poderosos Ferrari de Wolfgang von Trips y Willy Mairesse. En cada curva, la muerte acechaba, invisible pero ineludible. Entonces, llegó la vuelta 19.

En el rápido y traicionero giro de Burnenville, Bristow cometió un error que nadie pudo explicar. Quizás un exceso de ímpetu, quizás una trampa del asfalto. Su Cooper se descontroló y volcó violentamente, girando en un ballet macabro antes de que la cruel providencia lo reclamara de la manera más espantosa: una valla de alambre cercenó su joven vida en un instante.

En la pista, Jim Clark, futuro monarca de la velocidad, apenas tuvo tiempo de reaccionar. Su auto pasó rozando el cuerpo inerte de Bristow. Aquel instante lo perseguiría por el resto de su vida. Ya había visto caer a Archie Scott-Brown dos años antes, pero esto... esto era distinto. Fue aquella imagen, aquella carretera cruel e insaciable, la que marcó su odio eterno hacia Spa.

Pero la pista aún no había terminado su letanía de tragedias. cuatro vueltas después, en plena recta de Masta, Alan Stacey se encontraba séptimo, con el viento rugiendo a su alrededor mientras su Lotus surcaba la pista a más de 225 km/h. Entonces, en un golpe del destino tan absurdo como atroz, la naturaleza misma se convirtió en verdugo. Un pájaro, cruzando el circuito en el instante equivocado, impactó directamente en su rostro.

El golpe fue devastador. Stacey perdió el control. Su máquina, hasta entonces un fiel corcel de batalla, se convirtió en un proyectil fuera de control. Salió despedido de la pista y se estrelló contra la tierra con una violencia inimaginable. Su carrera, su lucha, su desafío contra la adversidad, todo terminó en ese brutal instante.

Alan Stacey y su auto el día del accidente. Fuente: Bundesarchiv, Bild 183-74166-0001 / CC BY-SA 3.0 DE, vía Wikimedia Commons.

El Gran Premio de Bélgica de 1960 no fue solo una carrera. Fue un sacrificio en el altar de la velocidad, un recordatorio de que, en aquellas épocas, los pilotos no eran meros corredores, sino guerreros que entregaban su vida a una meta incierta.

Bristow y Stacey, dos estrellas fugaces que iluminaron el firmamento del automovilismo con su fulgor, solo para apagarse demasiado pronto. Pero los que caen en la batalla no desaparecen; viven en la memoria de aquellos que aún escuchan el eco de sus motores rugiendo en la eternidad.

Aunque su vida fue efímera como el destello de un relámpago, Christopher Bristow dejó una huella imborrable en el mundo del automovilismo. Su osadía, su instinto salvaje y su indestructible deseo de victoria lo convirtieron en un símbolo de la pasión desbocada por la velocidad. Y aunque el destino le arrebató la vida en las crueles curvas de Spa, su nombre no se desvaneció en el olvido.

Hoy, el galardón más prestigioso para las jóvenes promesas del automovilismo británico lleva su sello inmortal: el Trofeo Chris Bristow, entregado al ganador del premio Aston Martin Autosport BRDC. Año tras año, este trofeo consagra a aquellos que encarnan el espíritu indomable de Bristow, a los pilotos que desafían los límites con la misma fiereza con la que él lo hizo. Entre sus ilustres vencedores figuran nombres que han marcado la historia del deporte: David Coulthard, Jenson Button, George Russell y Lando Norris. Todos ellos, en algún punto de sus carreras, han sentido el peso del legado de Bristow sobre sus hombros, como un recordatorio de que la grandeza no se mide en la cantidad de victorias, sino en la intensidad con la que se persigue el sueño.

Porque aquellos que desafían a la velocidad con el alma en llamas nunca desaparecen. Viven en cada curva trazada con valentía, en cada aceleración que desafía la lógica, en cada joven piloto que, con el fuego del talento ardiendo en sus venas, sueña con escribir su nombre en la historia.

Chris Bristow cayó en la pista, pero su espíritu sigue corriendo. Y mientras haya pilotos que se atrevan a desafiar los límites, su legado jamás se extinguirá.

A través del tiempo y la memoria, algunas máquinas trascienden su naturaleza de simple metal y tornillos para convertirse en reliquias sagradas, guardianas de un legado inmortal. Tal es el destino del Lotus VI original que, en su juventud, fue domado por el temerario Alan Stacey, aquel piloto que desafió a los dioses con una pierna menos y un coraje infinito.

Tras la muerte de Alan, su familia se aferró a la esencia de su espíritu indómito. Adquirieron el Lotus que una vez llevó a Stacey a la batalla, no para encerrarlo en una vitrina polvorienta, sino para devolverle la vida. Y fue su amigo de la escuela, Ian Bentall, un devoto del automovilismo, miembro del Club de Conductores de Bentleys y de la Asociación de Pilotos Históricos de Grandes Premios, quien asumió la noble tarea de restaurarlo. Bentall no era un extraño para aquella máquina: había participado en su construcción original, y ahora, décadas después, sus manos volvieron a tocar cada pieza, cada engranaje, con la reverencia de un alquimista que resucita a un titán dormido.

Pero la restauración no fue un simple ejercicio de nostalgia. Fue un acto de amor, una resurrección benévola que mantuvo intacto el alma del vehículo. Hoy, el Lotus VI sigue perteneciendo a la familia Stacey, un testamento rodante de la pasión de Alan, un susurro de velocidad que se niega a ser silenciado por el tiempo.

Ocasionalmente, este corcel de guerra es despertado, y cuando su motor ruge en la pista, es como si el espíritu de Alan Stacey cabalgara nuevamente por el asfalto. Es un recordatorio de que algunos pilotos nunca se van realmente; permanecen en cada giro, en cada aceleración, en cada latido de un motor que aún se niega a enmudecer. Porque la velocidad no olvida.

Bajo el cielo gris de Londres, en la serena tierra del Streatham Park Cemetery, descansa Christopher Bristow, el audaz guerrero de las pistas, cuya llama se extinguió demasiado pronto en la implacable batalla contra la velocidad. Allí, entre sombras de antiguos árboles y el murmullo del viento, yace el joven que desafió el asfalto con furia, dejando un legado imborrable en cada curva que conquistó.

A kilómetros de distancia, en el apacible St Mary the Virgin Churchyard, en Broomfield, Essex, la historia de Alan Stacey encuentra su reposo final. En aquel sagrado rincón, donde la brisa acaricia las lápidas con dulzura, duerme el hombre que, con una sola pierna y un corazón indomable, retó a los dioses de la velocidad y al destino mismo.

Dos espíritus valientes, separados en la muerte como lo estuvieron en la pista, pero unidos por la misma pasión ardiente. Y aunque sus cuerpos reposan bajo la tierra, sus nombres siguen resonando en el eco de los motores y en el alma de aquellos que, como ellos, sueñan con tocar la gloria a 300 kilómetros por hora.

Giulio Cabianca (19.02.1923 – 15.06.1961)

«En el rugir de los motores y la sombra del peligro, hubo quienes, con el alma ardiente y el corazón desafiante, cruzaron los límites de lo mortal, buscando no solo la victoria, sino la eternidad que se esconde en cada curva, en cada latido de la carrera»

En la noble Verona, cuna de historias eternas, nació el 19 de febrero de 1923 un hombre destinado a desafiar la velocidad: Giulio Cabianca. Como un guerrero que elige su espada, él escogió el rugido de los motores y el ardor del asfalto. Su bautismo en la competición llegó en 1947, al mando de un Fiat 1100S, domando los sinuosos caminos de la Coppa d'Oro delle Dolomiti, donde las montañas fueron testigos de su valentía. Pero el destino es un rival implacable: en 1949, en su primer desafío en la legendaria Mille Miglia, su lucha terminó antes de la bandera a cuadros, un golpe cruel que no hizo más que avivar su fuego interno.

Cabianca llevó su arrojo a nuevas batallas con el Osca MT4, enfrentando los trazados traicioneros de Nápoles y Madrid, donde el triunfo le fue esquivo. Sin embargo, en el Circuito di Trieste, su destreza lo llevó al tercer escalón del podio, mientras que en la Coppa Adriatica y Pescara, aunque lejos de la victoria, dejó su marca en la arena de la competencia. Pero el verdadero guerrero no se mide solo en derrotas o logros, sino en la pasión con la que cabalga la tormenta. Y en los circuitos de Ferrara y Tigullio, la gloria finalmente besó sus ruedas, consagrándolo con sus primeras victorias en el ámbito nacional. No obstante, cuando intentó conquistar la Fórmula 2 en Garda, la cruel fortuna le cerró las puertas.

Nacido para desafiar horizontes, su vida fue un torbellino de gasolina y gloria. Las carreteras de Italia pronto aprendieron a temblar cuando su silueta se recortaba contra el amanecer, guantes ajustados y mirada fija en el infinito, ese abismo reservado solo para los elegidos.

La Mille Miglia fue su bautismo de fuego, un primer grito de guerra en la vasta arena del automovilismo. Con un Fiat 1100 como fiel corcel, cruzó la meta en el puesto 26, un número humilde que, sin embargo, marcaba el prólogo de una leyenda naciente. Pero la gloria no se ofrece a aquellos que buscan atajos: las traicioneras carreteras de Calabria, los ascensos implacables de las Dolomitas, los circuitos desafiantes de Garda y Pescara se erigieron como sus campos de batalla. La Targa Florio, ese monstruo impredecible que devora a los débiles y eleva a los valientes, lo rechazó al principio, como una diosa esquiva y distante. Sin embargo, él, con la paciencia de un guerrero consumado y el instinto certero de un cazador, no se rindió; la persiguió incansable, hasta que la forzó a rendirse ante su voluntad y revelarle sus secretos más oscuros.

Empuñando su OSCA como si fuera Excalibur, convirtió cada circuito en su reino personal. Senigallia, Caserta, Umbría, Collemaggio: territorios conquistados con vueltas rápidas que eran poemas escritos a 200 kilómetros por hora. Las gradas rugían su nombre, y el asfalto, como un fiel escudero, se rendía a su paso. La Mille Miglia lo vio ascender, pero la Targa Florio, siempre cruel, le tendió una última trampa. Un segundo puesto arrebatado por tecnicismos, como si el destino mismo quisiera recordarle que incluso los dioses tienen amos. Pero él, con su terquedad sagrada, siguió corriendo.

Los grandes no mueren, solo se transforman. En Monza, Pau, Nürburgring, su espíritu luchó no solo contra rivales de carne y hueso, sino contra el enemigo más implacable: el tiempo. Su Ferrari Dino rugía como una bestia domada bajo sus manos, mientras las montañas de Italia, viejas cómplices de su grandeza, se inclinaban una vez más en Verona, Trieste y Bolzano. La victoria en Nápoles, los podios en el Tourist Trophy, la lucha feroz en Le Mans... Cada carrera era un nuevo asalto contra lo imposible.

Giulio Cabianca conquista la Trieste-Opicina el 26 de julio de 1959 al volante de un OSCA MT4 1500. Fuente: Wikimedia Commons. Dominio Público

En el año glorioso de 1959, Giulio Cabianca se unió a las filas de la ilustre *Scuderia Castellotti*, enfrentándose a los grandes del automovilismo con un Ferrari Dino 196S en el Campeonato Mundial de Sport Prototipos. Su destreza al volante le otorgó la gloria en el GP Messina Sports, donde alcanzó un digno segundo lugar, y en la mítica Coppa Sant Ambroeus en Monza, donde conquistó la victoria desde la pole y con una vuelta rápida que resonó como un canto de guerra en el asfalto.

Sin embargo, el destino también le deparó sus pruebas: junto al intrépido Giorgio Scarlatti, sucumbió en la lucha de los 1000 km de Nürburgring, víctima del furioso rugido de su motor. En la Targa Florio y en Le Mans, el combustible de su alma se agotó antes que el de su máquina, pero su coraje lo llevó a un tercer puesto en el legendario Tourist Trophy, compartiendo el volante de su Ferrari 250 TR 59 con el habilidoso Olivier Gendebien. A bordo de un Osca S1500, la suerte no fue favorable en Pau, pero en el GP Napoli en Posillipo, se levantó como un fénix, ganando la pole y dominando con una vuelta rápida que dejó una huella imborrable en los corazones de los seguidores.

En 1960, al mando de un Ferrari, Cabianca alcanzó su cúspide en el Campeonato Mundial de Sport Prototipos, logrando un épico cuarto lugar en la Targa Florio, donde libró una feroz batalla con Hans Herrmann. Sin embargo, los dioses del automovilismo se mostraron caprichosos: un incendio truncó sus sueños en los 1000 km de Nürburgring. Su última participación en la Fórmula 1 fue en Monza, donde su espíritu indomable lo llevó a un merecido cuarto lugar en un Cooper-Ferrari.

El año 1961 lo encontró junto al intrépido Elio Zagato al volante de una Lancia Flaminia, alcanzando el decimoséptimo puesto en la Targa Florio, con un brillante tercer lugar en su clase. En mayo, su nobleza al volante resplandeció nuevamente al obtener el segundo puesto en la Mille Miglia, junto a Provolo Piergiorgio, dejando en el aire una estela de gloria, como quien desafía al tiempo y a la muerte con cada giro de su volante.

El 15 de junio de 1961, en una mañana que parecía tranquila, el destino le tendió una trampa mortal a Giulio Cabianca. Durante una prueba privada en el legendario Aero-Autódromo de Módena, al volante de su Cooper T51-Ferrari, el veterano piloto perdió el control en una curva cerrada. Los susurros de la fatalidad se materializaron quizás por un fallo en la caja de cambios, que dejó la transmisión atrapada en cuarta marcha, lo que desató el caos. El vehículo, en un desenfrenado torbellino de metal y goma, se lanzó fuera de la pista, arrastrando consigo la tragedia sobre la Vía Emilia. En su fatídico recorrido, el automóvil embistió a varios vehículos: una bicicleta, una moto y una furgoneta, cobrando la vida de tres personas al instante.

Cabianca, quien había desafiado las fuerzas de la velocidad a lo largo de su carrera, sucumbió esa misma noche a las heridas que su cuerpo no pudo resistir.

Con más de 300 carreras a sus espaldas, 38 victorias absolutas y 65 triunfos de clase, su nombre estaba grabado con letras doradas en la historia del automovilismo. Fue campeón italiano de sport prototipos en

1952 y 1955, y campeón de GT en 1958, un título póstumo que reflejaba el reconocimiento a su incansable lucha y su maestría al volante. Su muerte dejó un vacío profundo en el corazón del automovilismo italiano. A pesar de su trágico final, el legado de Cabianca perduró a través de las generaciones. Su nieto, Andrea Cabianca, seguiría el mismo camino, compitiendo en las pistas en los años 2000, demostrando que el espíritu del abuelo jamás se extinguió. Un piloto confiable, un hombre de experiencia infinita, cuya vida se apagó en un extraño accidente mientras probaba su amado Cooper-Ferrari. Su nombre sigue resonando, un eco de gloria que persiste en cada curva, en cada línea recta, en cada motor que ruge con la promesa de velocidad y valentía.

Giulio Cabianca, héroe de las pistas, ahora descansa en el solemne Cimitero Monumentale di Verona, donde su espíritu se ha fundido con la tierra que lo vio nacer y crecer. En su tumba, entre las sombras de los árboles y el eco de las campanas, su legado se mantiene vivo, como un susurro entre los suspiros del viento que se entrelazan con los recuerdos de aquellos que vivieron sus gestas.

Allí, bajo el cielo que alguna vez recorrió a la velocidad de la luz, su nombre permanece inscrito, no solo en las placas de metal, sino en la memoria colectiva de todos aquellos que, como él, desafían la muerte con la pasión indomable por las máquinas y la velocidad. La historia de Giulio Cabianca, su vida, su sacrificio y su gloria, se conserva en los corazones de los italianos, como una estrella que nunca dejará de brillar, incluso cuando se apagan las luces del circuito.

Wolfgang von Trips (04.05.1928 – 10.09.1961)

«El destino, imparable e impredecible, trazó un camino entre la gloria de la pista y las sombras del vuelo, donde incluso los más grandes no pueden escapar a su llamado»

Uno de los nombres que resuenan con fuerza en los albores de la Fórmula 1, Wolfgang Alexander Alber Eduard Maximilian Reichsgraf Berghe von Trips (36), encarna con su presencia la misma esencia de la «realeza en las carreras». Nacido en la nobleza alemana el 4 de mayo de 1928, von Trips no solo era hijo de la aristocracia, sino también de una tradición que, en su época, estaba ligada al honor y la destreza.

Mientras su familia anhelaba que el joven Wolfgang se sumergiera en los misterios de la agricultura, con la finalidad de continuar el legado de su castillo, Burg Hemmersbach, en las verdes tierras del Renania, el destino le tenía preparado otro camino. Desde temprana edad, el llamado del rugir de los motores lo atraía con una fuerza inusitada. Sus visitas frecuentes al cercano Nürburgring se convirtieron en el preludio de una pasión que, aunque aún sin forma, latía en lo profundo de su ser.

El rugido de los aviones de la Segunda Guerra Mundial interrumpió los sueños del joven noble, pero con el final del conflicto, la vida de von Trips renació. Armado con una licencia de conducir, vastos terrenos y la motocicleta de la familia, Wolfgang se lanzó al embrujo de las dos ruedas. La emoción de la velocidad lo absorbió por completo, y no fue sino un breve suspiro el que lo separó de su destino final. De la motocicleta pasó al volante de un Volkswagen Beetle, sin experiencia alguna, pero con un ardor infranqueable. Así comenzó su andar por las imponentes sendas del automovilismo, donde su nombre, como una sombra de gloria, terminaría marcando la historia.

Las primeras gestas de Wolfgang von Trips permanecen envueltas en la niebla del olvido, como un eco lejano que se resiste a ser capturado por la pluma de la historia. Sin embargo, en 1954, un nuevo capítulo se tejió con hilos de audacia cuando adquirió un Porsche 356 y se lanzó a la legendaria Mille Miglia. A pesar de su juventud y la inexperiencia que aún le pesaba, cruzó la línea de meta en segundo lugar en su clase y en el puesto 33 de la clasificación general, trazando un camino que, aunque incierto, estaba marcado por la determinación.

El destino, siempre en su misterioso juego, favoreció al joven von Trips. Alfred Neubauer, el venerado director del equipo Mercedes, reconoció el talento en ciernes de aquel noble alemán y le tendió la mano, ofreciéndole un lugar en una de las emblemáticas «flechas de plata» del equipo. Sin vacilar, Wolfgang se aferró a la oportunidad, como quien asume un desafío destinado a forjar su destino. Pero como si el camino hacia la gloria estuviera marcado por la adversidad, la tragedia no tardó en aparecer.

La catástrofe de Le Mans de 1955 sacudió los cimientos del automovilismo y, como una sombra implacable, cobró la vida de Pierre Levegh, compañero de von Trips en Mercedes, y de 82 almas más, víctimas de la explosión de un SLR de carrocería de magnesio que se desintegró en el público tras una violenta colisión. La tragedia llevó a Mercedes a retirarse del automovilismo, pero el espíritu indomable de von Trips no se quebró. En lugar de rendirse, se levantó de las cenizas de aquel desastre y regresó al abrazo de Porsche, como un fénix que resurge para continuar su imparable carrera hacia la grandeza.

En 1956, el rugir de su motor resonó como un canto de victoria en las más prestigiosas tierras del automovilismo. En las legendarias 24 Horas de Le Mans, el Porsche de Wolfgang von Trips cruzó la meta con una majestuosa victoria en su clase, un logro que se sumaba a una temporada repleta de éxitos, incluidos un par de victorias en su clase en el circuito de Sebring. Aquel joven conde, cuyas manos parecían danzar al ritmo de la velocidad, no tardó en captar la atención de los grandes, y no de cualquier grande, sino de la leyenda viviente: Enzo Ferrari.

El inconfundible murmullo de una llamada telefónica interrumpió el curso de su vida. Era Ferrari, el hombre cuya visión había transformado la *Scuderia Ferrari* en un emblema de gloria y desafío. La pregunta que resonó al otro lado de la línea fue directa y sin adornos, como el destino mismo: *¿Estás dispuesto a poner tus talentos al servicio de la próspera maquinaria de Ferrari?* El joven Wolfgang, consciente de que su nombre estaba a punto de gravarse en los anales del automovilismo, no dudó. El llamado del Cavallino Rampante había llegado, y con él, la oportunidad de escribir su propia leyenda bajo el estandarte del más grande.

La alianza entre Wolfgang von Trips y Ferrari se forjó como una promesa de grandeza. Con el rugido de los motores de Enzo Ferrari como himno, el joven conde vio cómo su carrera en el automovilismo tomaba un nuevo y glorioso rumbo. La temporada de 1956 parecía ser el preludio de una era, y el plan era que Wolfgang hiciera su esperado debut en la Fórmula 1 durante el Gran Premio de Italia, en el templo de Monza, donde el corazón de las carreras palpitaba con fuerza. Pero como si el destino se hubiera propuesto poner a prueba su tenacidad, el curso de su historia una vez más se desvió por la fatalidad.

Gran Premio de Argentina de 1957. Los pilotos Jo Bonnier (izquierda) y Wolfgang von Trips (centro). Foto de Carlos Alberto Navarro. Fuente: Wikimedia Commons. Dominio Público

Al volante del majestuoso Lancia-Ferrari D50, von Trips experimentó la crudeza del automovilismo en su forma más implacable. Un fallo en la dirección del coche lo lanzó contra los árboles de Monza en un accidente brutal. Aunque el golpe fue feroz, la fortuna, de alguna manera, le sonrió. Las lesiones fueron limitadas a un brazo roto, pero ese doloroso infortunio retrasó su debut en la F1 hasta el año siguiente, 1957, cuando, tras superar el obstáculo, von Trips se alistaba para finalmente desplegar su talento en la categoría reina del automovilismo. Su camino hacia la gloria, marcado por la resiliencia, estaba a punto de continuar.

Pilotos von Trips (fuera de foco a la izquierda), Luigi Musso (centro) y Harry Schell (derecha) en el Gran Premio de Argentina de 1957. Foto de Carlos Alberto Navarro. Fuente: Wikimedia Commons. Dominio Público

El regreso de Wolfgang von Trips a la acción fue tan imparable como la fuerza de la historia misma. Para la apertura de la temporada de 1957, se enfrentó al desafiante circuito de Buenos Aires, una pista de 4 kilómetros que desafiaba la resistencia de los más audaces. En aquella mítica carrera de 100 vueltas, el joven conde se vio en una situación cargada de presión: debía llenar el vacío dejado por el maestro de todos los maestros, Juan Manuel Fangio, quien, en busca de su quinto título mundial, había cambiado de bando y se había unido a Maserati. La sombra del campeón de cuatro títulos pesaba sobre su debut, y el peso de la historia parecía estar sobre sus hombros.

Pero el destino de Fangio, lejos de ser una derrota, resultó ser el reflejo de su genio. Los Maserati 250F, como si fueran máquinas invencibles, arrasaron la pista, con el gran héroe local al mando, dejando atrás a todos los demás. La supremacía de Maserati parecía incontestable, y la lucha por frenar su dominio fue una tarea monumental. Ferrari, sin embargo, no se dio por vencido. El equipo, con una mezcla de coraje y audacia, dividió sus dos coches entre cinco pilotos, cada uno dispuesto a desafiar la férrea marcha de Maserati.

Von Trips, en su Ferrari número 18, compartido con Cesare Perdisa y Peter Collins, comenzó desde la humilde posición 11. Sin embargo, a través de la férrea voluntad y el inmanente espíritu de lucha, el coche alcanzó un sexto puesto, quedando a un solo peldaño de los puntos. Aunque el podio se les escapó, la carrera de von Trips fue una declaración de intenciones: su talento era innegable, y el futuro le aguardaba con más gloria.

La perseverancia de Wolfgang von Trips no conoció límites, y su regreso al asfalto fue tan esperado como inevitable. En la segunda ronda de la temporada, en el imponente circuito de Mónaco, el joven conde volvió a la acción con la esperanza de redimir su destino. Pero el caprichoso fatum, siempre impredecible, volvió a jugar su carta. A tan solo diez vueltas del final, una falla en el motor de su Ferrari truncó su carrera, dejándolo fuera de la lucha cuando la gloria parecía al alcance de la mano.

El cruel giro de la fortuna lo hizo desaparecer de las siguientes cinco carreras, sumido en la frustración del abandono. Sin embargo, el espíritu de von Trips no se quebró. Regresó al ruedo en la última cita de la temporada, en el mítico Monza, exactamente un año después de su accidente en el mismo escenario. Esta vez, el destino le ofreció una oportunidad diferente. Montado en su Ferrari 801, con la pasión y determinación que lo caracterizaban, Taffy cruzó la meta en un resonante tercer puesto, logrando así sus primeros puntos y un podio tan anhelado. Con este logro, cerró la temporada de 1957 en el puesto 14 del campeonato, sumando cuatro puntos, y dejando claro que su nombre, aún en los momentos más oscuros, brillaba con fuerza en el horizonte del automovilismo.

La temporada de 1958 comenzó con la calma de un inicio esperado, pero la suerte de Wolfgang von Trips volvió a jugar su papel de intriga. En la segunda ronda, en el imponente circuito de Mónaco, su Ferrari fue víctima de una falla tardía en el motor, un golpe inesperado que apagó sus esperanzas de brillar en las calles del principado. Sin embargo, la determinación de Taffy era inquebrantable, y su espíritu no se doblegó ante la adversidad.

Se levantó para la sexta ronda en Reims, una pista antigua y exigente, que serpenteaba a través de los campos y pueblos franceses como un desafío constante para los pilotos. El agotador trazado ponía a prueba la resistencia física y mental de todos los competidores. En ese escenario, Mike Hawthorn, compañero de equipo de von Trips, cruzó la línea de meta en primer lugar, mientras que Taffy logró una meritoria tercera posición, demostrando que su talento seguía intacto. Pero la carrera, que podría haber sido un respiro tras las frustraciones, estuvo marcada por una tragedia que ensombreció el podio.

Luigi Musso, compañero de von Trips en Ferrari, perdió la vida en un accidente durante la carrera, un recordatorio cruel de los peligros inherentes a este deporte tan lleno de gloria y tragedia. La muerte de Musso dejó una huella imborrable en el equipo, y a pesar de su éxito personal, von Trips no pudo evitar sentirse marcado por la sombra de la tragedia que había oscurecido el día. Sin embargo, su nombre seguía resonando con fuerza, y su lugar en la historia del automovilismo continuaba forjándose, tanto por sus logros como por las pruebas que debía enfrentar.

La temporada de 1958 continuó con una mezcla de destreza y determinación por parte de Wolfgang von Trips, quien, a pesar de las sombras que se cernían sobre su camino, mantuvo su postura firme ante la adversidad. Después de la tragedia en Reims, Taffy se recuperó con fuerza, logrando un cuarto lugar en el Gran Premio de Alemania y un quinto puesto en el Gran Premio de Portugal, dos resultados que demostraron su talento imparable y su capacidad para sobreponerse a la tragedia y la dificultad.

Con estos dos sólidos desempeños, acumuló nueve puntos, un logro considerable que le permitió terminar la temporada en el puesto 12, a pesar de haber competido solo de forma parcial. Cada punto fue una victoria en sí misma, una afirmación de que, incluso cuando el camino no era fácil, el espíritu indomable de von Trips seguía ardiendo con la misma intensidad. La temporada, marcada por altibajos, había sido un testimonio de su valía, y con cada carrera, Wolfgang acercaba más su nombre a las estrellas del automovilismo.

El año 1959 fue relativamente tranquilo para Wolfgang von Trips, un período de reflexión y preparación, donde su nombre no resonó tanto en la pista como en temporadas anteriores. Sin embargo, fue en 1960 cuando el noble alemán finalmente dio el paso definitivo hacia la consolidación en la Fórmula 1, enfrentándose a su primera temporada completa en la categoría reina del automovilismo.

Aunque 1960 no le otorgó el anhelado podio, fue un año de madurez y consistencia para von Trips. A lo largo de las diez rondas, sus resultados fueron sólidos y continuos, un reflejo de su creciente confianza y capacidad para mantenerse competitivo en cada carrera. Cinco llegadas a los puntos fueron la prueba tangible de su determinación, acumulando un total de diez puntos que lo colocaron en un respetable séptimo lugar al final del campeonato.

Aunque el podio se le escapó, el desempeño de von Trips fue más que notable, y su constancia en la lucha por la gloria le permitió consolidarse aún más como uno de los pilotos más talentosos de su generación, cuyos logros, aunque aún en ascenso, no podían pasarse por alto.

En 1961, Wolfgang von Trips estaba destinado a convertirse en un serio contendiente al título, armado con el flamante Ferrari 156 de motor trasero y medio, un coche que representaba un salto significativo en la evolución de la *Scuderia*. El «caballo detrás del carro» era ahora su aliada, y las expectativas eran altas, pues muchos veían en él el piloto capaz de desafiar el dominio de sus rivales y llevar a Ferrari a la cima.

Las predicciones parecían acercarse a la verdad desde el principio de la temporada, cuando la primera carrera en Mónaco se celebró sin los problemas de fiabilidad que habían marcado los años anteriores. La pista del Principado, siempre un reto para los pilotos, vio a von Trips mostrar su habilidad y garra, pero el destino, siempre esquivo, no fue completamente favorable. A tan solo dos vueltas del final de la caótica carrera, el 156 de von Trips se estrelló, poniendo fin a sus aspiraciones de una victoria, pero no sin antes haber hecho lo suficiente para asegurar un meritorio cuarto lugar.

La segunda carrera, sin embargo, sería un capítulo mucho más brillante en la historia de von Trips. Zandvoort, con sus hermosas playas holandesas de fondo, fue el escenario del siguiente gran duelo. Allí, el piloto alemán se clasificó en un impresionante segundo lugar, igualando el tiempo del *poleman*: su compañero de equipo y rival por el título, Phil Hill. Desde el inicio, los dos Ferrari marcaron la pauta, con von Trips adelantando a Hill en la primera vuelta y liderando todas las vueltas del circuito. A lo largo de las rectas de Zandvoort, los dos Ferrari abrieron una clara ventaja, dejando atrás a los demás, incluido el formidable Lotus de Jim Clark.

La batalla entre von Trips y Hill fue titánica, una lucha feroz que duró hasta la línea de meta. Con cada vuelta, la tensión crecía, y a pesar de que von Trips logró mantener el liderazgo durante toda la carrera, la distancia entre ambos Ferrari era tan estrecha que, cuando la bandera a cuadros finalmente ondeó, los dos compañeros de equipo llegaron a menos de un segundo de diferencia, dejando claro que, en esa temporada de 1961, Ferrari tenía a dos pilotos dispuestos a luchar por todo.

En su quinto año en la Fórmula 1, con su primera victoria ya en su haber, Wolfgang von Trips estaba demostrando al mundo lo que muchos ya habían vislumbrado: un piloto de una rapidez natural impresionante, cuyo potencial no podía ser ignorado. La temporada de 1961 fue la de su consolidación, y la victoria alcanzada en Zandvoort fue solo el comienzo de una racha ascendente que pronto lo pondría en el epicentro de la lucha por el título.

La siguiente parada, Bélgica, fue una nueva exhibición de dominio para Ferrari. En el majestuoso circuito de más de 14 kilómetros, un verdadero desafío para los pilotos, Ferrari firmó un histórico cuarteto, con von Trips subiendo al podio en un meritorio tercer lugar, a menos de 1 segundo de su compañero de equipo, Phil Hill. Ferrari estaba imparable, pero el impulso de von Trips se vio momentáneamente interrumpido por un abandono en Reims. Sin embargo, la racha de victorias se reanudó en Gran Bretaña.

En el Gran Premio de Gran Bretaña, la lluvia torrencial que había empapado Aintree desapareció, dejando a la pista en condiciones ideales para los pilotos más aguerridos. Ferrari, una vez más, dominó la escena, con von Trips sellando una victoria memorable, con una ventaja de 45 segundos sobre su compañero Hill. Esa victoria, tan dominante, consolidó aún más la reputación de Taffy como un piloto excepcional, capaz de imponerse con una ventaja clara y decisiva.

Gran Premio de Zandvoort. Wolfgang von Trips y Phil Hill en Ferrari. Fotocollectie Anefo, Nationaal Archief, CC0. Número de Registro: 912-5061

El cuarto podio de von Trips llegó en el Gran Premio de Alemania, en una carrera épicamente lluviosa en el temible Nordschleife de Nürburgring, donde las condiciones difíciles hicieron de cada vuelta una prueba de valentía. En una batalla constante con Hill y el intrépido Stirling Moss, von Trips logró un impresionante segundo lugar, quedando detrás de Moss tras una lucha feroz que cautivó a todos los aficionados. La temporada 1961 de Wolfgang von Trips había despegado por completo, y su nombre ya estaba inscrito en los corazones de aquellos que seguían el deporte con pasión, sabiendo que el título podría estar al alcance de sus manos.

El Gran Premio de Italia en Monza, el 10 de septiembre de 1961, prometía ser una de las jornadas más trascendentales de la historia de la Fórmula 1. Con cuatro pilotos aun matemáticamente en carrera por el título, la verdadera batalla se libraba entre los compañeros de equipo de Ferrari, Phil Hill y Wolfgang von Trips. El ambiente estaba cargado de emoción, con los adoradores tifosi llenando las gradas, ansiosos por ver a su ídolo alcanzar la gloria. Von Trips, en su mejor momento, logró hacerse con la pole position, una victoria simbólica que parecía presagiar un final perfecto para su temporada.

Sin embargo, el destino, siempre impredecible, tenía otro plan. Durante la carrera, en una maniobra desafortunada en la bajada hacia la Parabólica, von Trips colisionó con Jim Clark. El Ferrari 156 de Wolfgang se deslizó fuera de la pista y, al salir disparado por la pendiente de hierba, terminó entre los espectadores que se encontraban en la zona, observando la carrera desde cerca. En un trágico giro de los acontecimientos, von Trips fue lanzado fuera del coche y sufrió heridas fatales. El Ferrari, dando volteretas hacia el público, se llevó consigo la vida de quince espectadores.

Mientras la tragedia se desarrollaba en la pista, el resto del mundo seguía ajeno al horror. Phil Hill, sin conocimiento de lo ocurrido, continuó con la carrera y, con una determinación estoica, cruzó la línea de meta en primer lugar, asegurando el campeonato de pilotos. Sin embargo, Ferrari, profundamente tocado por la pérdida de su piloto estrella, decidió retirarse de la última ronda en Watkins Glen, como señal de respeto por su amigo y compañero caído.

Tras el fatídico accidente que segó la vida de Wolfgang von Trips en Monza, la *Scuderia Ferrari*, profundamente conmocionada por la tragedia, tomó la emotiva decisión de retirar su equipo de la última cita del calendario de 1961, el Gran Premio de Estados Unidos en Watkins Glen. A pesar de este gesto de respeto y duelo por su piloto caído, el título de ese año permaneció en manos de Ferrari, pues su compañero de equipo, Phil Hill, logró alzarse con el campeonato. Juntos, Von Trips y Hill habían logrado acumular la mayor cantidad de puntos, asegurando así el primer campeonato de pilotos para la *Scuderia Ferrari*, un logro que, aunque marcado por la tristeza, quedaría para siempre como un hito en la historia del automovilismo.

Curiosamente, el destino parecía tenerlo marcado. El mismo día del fatal accidente de Wolfgang von Trips en Monza, se había planeado un vuelo hacia Estados Unidos junto a un excompañero de equipo. Trágicamente, ese avión sufrió un accidente y se estrelló sobre Escocia. Aunque von Trips no se encontraba a bordo, la noticia de esa tragedia paralela alcanzó la misma magnitud, dejando una marca aún más profunda en el recuerdo de aquellos que lo conocieron y lo admiraron.

La muerte de Wolfgang von Trips dejó una cicatriz imborrable en la historia de la Fórmula 1. Un joven talentoso, lleno de promesas, se había ido demasiado pronto, llevando consigo no solo su vida, sino también la de los espectadores que compartieron su pasión por el automovilismo. La tragedia de Monza marcó un antes y un después en el deporte, recordándonos los altos riesgos y las terribles consecuencias que acechan en cada curva.

Wolfgang von Trips fue la personificación misma de la realeza en las carreras, una figura que unía la nobleza y el automovilismo con una gracia que solo pocos elegidos podían ostentar. Nacido en un entorno privilegiado, Taffy, como le llamaban, no solo vivió el sueño de los aficionados al motor, sino que construyó una carrera cimentada en su pasión. En sus primeros días en el deporte, adoptó el seudónimo de Alex Linther (36), un nombre que ocultaba su linaje aristocrático y le permitía competir sin el peso de su herencia, una táctica que no era inusual en aquellos tiempos, como bien se verá a lo largo de nuestra serie sobre la realeza en las carreras. No obstante, nunca hubo un piloto de sangre noble tan naturalmente talentoso como lo fue von Trips, cuya habilidad y determinación lo elevaban más allá de la categoría de los simples mortales.

Su trágica muerte en Monza, en 1961, dejó a todos con la sensación de que la coronación del título estaba al alcance de su mano. Aquel joven con una prometedora carrera por delante, con el Ferrari 156 bajo su mando, estaba destinado a alcanzar la gloria. Sin embargo, el destino cruelmente truncó esa posibilidad. Su pérdida no solo representó el fin de una era para él, sino que dejó una huella imborrable en el mundo de la Fórmula 1.

El impacto de su fallecimiento trascendió la pista. La tragedia de von Trips fue el catalizador de un cambio profundo en la seguridad de los pilotos, llevando a una serie de reformas tecnológicas y regulatorias que marcaron el inicio de un nuevo enfoque en la protección de los conductores. Desde entonces, las medidas de seguridad han avanzado significativamente, lo que ha reducido al mínimo las tragedias que alguna vez fueron una parte dolorosa e inevitable del automovilismo. La muerte de Wolfgang von Trips, aunque trágica, dio paso a una era de mayor seguridad y conciencia, asegurando que su legado viviera, no solo en los corazones de los que lo conocieron, sino también en los cambios que, a través del dolor, mejoraron la vida de futuras generaciones de pilotos.

Referencias Bibliográficas

1. Historic Racing. [Online]. [cited 2025 Marzo. Available from: https://historicracing.com/driverDetail.cfm?driverID=1826.

2. Frey JL. Medium. [Online].; 2024. Available from: https://medium.com/@trophygirl1/hero-dies-behind-the-wheel-b69ffaeaff23.

3. Spokane Daily Chronicle. "Test second fastest". Spokane Daily Chronicle. 1951 Mayo.

4. "Rookie drivers hike speed mortalities". The Daytona Beach News-Journal. 1955 Mayo.

5. Indymotorspeedway. Indymotorspeedway. [Online].; 2016. Available from: https://indymotorspeedway.com/memorial_1953.html.

6. The "Forgotten" Drivers of F1. [Online]. Available from: https://www.f1forgottendrivers.com/drivers/charles-de-tornaco/.

7. Cantero JM. airedesantafe. [Online].; 2023 [cited 2025 Enero 17. Available from: https://www.airedesantafe.com.ar/.

8. Latham S. The Forgotten Drivers of F1. [Online]. [cited 2025 Enero 17. Available from: https://www.f1forgottendrivers.com/drivers/onofre-marimon/.

9. Fangio: "Así Murió mi Amigo Marimón". Diario Crónica de Buenos Aires. 1979 Julio.

10. Brennan B. hotrod. [Online].; 2016 [cited 2025 Enero 23. Available from: https://www.hotrod.com/.

11. www.statsf1.com. [Online]. Available from: www.statsf1.com.

12. Frey JL. Medium. [Online].; 2024 [cited 2025 Enero 22. Available from: https://medium.com/p/10d3325d436c.

13. Navarro D. Jot Down. [Online]. [cited 2025 Enero 23. Available from: https://www.jotdown.es/.

14. ESPN.com.mx. ESPN.com.mx. [Online].; 2015 [cited 2025 Enero 23. Available from: ESPN.com.mx.

15. Fresnoahof.org. [Online]. [cited 2025 Enero 29. Available from: https://fresnoahof.org/vukovich-billy/.

16. indystar.com. [Online]. [cited 2025 Enero 29. Available from: https://eu.indystar.com/.

17. Memorial MS. Motor Sport Memorial. [Online]. [cited 2025 Enero 29. Available from: http://www.motorsportmemorial.org/.

18. formula1.com. [Online]. [cited 2025 Febrero 4. Available from: www.formula1.com.

19. Villota Pd. El Confidencial. [Online].; 2022 [cited 2025 Febrero 5. Available from: https://www.elconfidencial.com/deportes/formula-1/2022-09-22/gran-premio-fangio-cuba_3494584/.

20. Cripps E. Full Marquis: Alfonso de Portago. The Rake. 2024 Enero.

21. Chico-Álvarez LM. Alfonso de Portago, vida y tragedia del 'playboy' español que marcó la historia de Ferrari. El Independiente. 2024 Febrero.

22. National Sprint Car Hall of Fame and Museum. [Online].

23. Radebaugh D. Remembering Indiana's Pat O'Connor…the untold stories. [Online].; 2017 [cited 2025 Febrero 9. Available from: https://historymysteryman.com/.

24. Historic Racing. [Online].; 2023. Available from: https://www.historicracing.com/.

25. Cecchini D. Infobae. [Online].; 2022 [cited 2025 Febrero 2. Available from: https://www.infobae.com/.

26. Green G. Ferrari.com. [Online].; 2021 [cited 2025 Febrero 16. Available from: https://www.ferrari.com/.

27. 500race.org. 500race.org. [Online]. Available from: https://500race.org/people/stuart-lewis-evans/.

28. Unser Racing Museum. [Online]. [cited 2025 Febrero 18. Available from: https://web.archive.org/.

29. The Indianapolis Motor Speedway. [Online].; 2015 [cited 2025 Febrero 18. Available from: https://indymotorspeedway.com/memorial_1959.html.

30. Eggert B. Second Speedway Rookie Dies After Crash. The Indianapolis Star. 1959 Mayo.

31. Association BCR. Bay Cities Racing Association. [Online]. [cited 2025 Febrero 19. Available from: https://www.bcraracing.com/hall-of-fame/.

32. Ivor Bueb | Motor Sport Magazine Database. Motor Sport Magazine. 2017 Junio.

33. Pete. velocetoday. [Online].; 2017 [cited 2025 Febrero 22. Available from: https://velocetoday.com/.

34. BLACKSTOCK E. Remembering Harry Schell, America's Forgotten F1 Star. Jalopnik. 2021 Julio.

35. Tremayne D. Chris Bristow & Alan Stacey: Two young to die. MotorSport Magazine. 1997.

36. Tomlinson S. Racing Royalty: Wolfgang 'Taffy' von Trips. Paddock Legends. 2020 Marzo.

37. McMullen J. Onofre Marimon: 1954 Formula One Season. .

38. Edmondson L. ESPN F1. [Online].; 2010.